Jules-Marcel Nicole

L'essentiel

de la

foi chrétienne

Éditions du Potier

Du même auteur.

Aux Éditions de l'Institut Biblique de Nogent-sur-Marne

Précis de doctrine chrétienne

Précis d'histoire de l'Église

Précis d'histoire des religions

Précis de prédication chrétienne

Cours de grammaire grecque du Nouveau Testament

 Première édition : 2021

Retrouvez le livret d'étude en complément pour noter vos réponses et réflexions personnelles.

Pour nous contacter et pour toute commande :

Site : www.editionsdupotier.fr

Mail : editionsdupotier@gmail.com

Tél : 07.49.99.39.69

Les versets reproduits sont tirés de la Bible Louis Segond 1910.

Nous sommes heureux de vous proposer *L'essentiel de la foi chrétienne* qui, sous forme de questions-réponses, offre un panorama complet et synthétique des livres de la Bible et des fondements de la foi chrétienne.

Dans la première partie, vous retrouverez les questions accompagnées de références bibliques pour vous guider dans les réponses. Dans la deuxième partie, vous retrouverez les questions et les réponses.

Nous souhaitons remercier Alain Debret qui nous a transmis le document qu'il tenait de Jules-Marcel Nicole, dont il fut le collègue et l'un des successeurs comme pasteur de l'Église évangélique de Nogent-sur-Marne, et qui nous a encouragés à l'éditer.

Nos remerciements vont également à Émile et à Jacques Nicole pour leur relecture et leurs précieux conseils.

Nous vous souhaitons une bonne lecture, et que vous soyez encouragés dans la découverte et l'étude de la Bible.

Les éditeurs

PRÉFACE

L'essentiel de la foi chrétienne est un document d'éducation chrétienne, ou catéchisme, simple mais pas simpliste, accessible à tous ceux qui désirent approfondir leur foi.

Tous ceux qui ont la charge de préparer les jeunes à la confirmation ou au baptême tireront profit de cet ouvrage, ainsi que tout chrétien désireux de revisiter les bases de sa foi. Il peut également être utile comme canevas d'études bibliques dans l'église, tant pour les adultes que pour les jeunes.

Monsieur Jules-Marcel NICOLE fut mon professeur, mon employeur et mon pasteur, avant de devenir mon paroissien lorsque la charge pastorale de l'Église évangélique de Nogent-sur-Marne me fut confiée.

Pour former les jeunes de l'église, il me permit d'utiliser le catéchisme qu'il avait lui-même rédigé en s'inspirant du *Petit Catéchisme* de Martin Luther et en y ajoutant un survol des livres de l'Ancien et du Nouveau Testament.

Les personnes qui l'ont eu en mains ont pu en apprécier la qualité et il est heureux que cet ouvrage puisse enfin être édité.

Alain Debret, pasteur

Comment utiliser ce livre ?

QUESTIONS

Dans la partie *Questions*, vous retrouverez une série de questions pour chaque thème (Ancien Testament, Nouveau Testament, Credo, dix commandements etc).

Pour chaque thème, les questions sont regroupées par titres (nom du livre biblique, numéro du commandement, phrase du Credo etc). A côté du titre est indiqué le numéro de la page où se trouvent les réponses.

En dessous de chaque titre sont mentionnées des références bibliques qui vous guideront dans la recherche des réponses.

Pour les parties relatives aux livres de la Bible (Ancien et Nouveau Testament), les références correspondent à une sélection de chapitres qui vous donneront un aperçu de chaque livre. La lecture de ces chapitres (et des références complémentaires d'autres livres s'il y en a) pourra également vous guider dans la recherche des réponses.

Dans la partie *Réponses*, vous retrouverez les séries de questions accompagnées des réponses.

Les références bibliques correspondantes sont indiquées au niveau de chaque réponse.

Comment retrouver les passages correspondant aux références bibliques ?

Genèse 1 : Genèse chapitre 1 en entier.

Genèse 49.10 : Genèse chapitre 49, verset 10.

Genèse 35.9-12 : Genèse chapitre 35, versets 9 à 12.

Genèse 1 ; 2 ; 3 : Genèse chapitres 1, 2 et 3.

SOMMAIRE

QUESTIONS

RÉPONSES

QUESTIONS

LA BIBLE : ANCIEN TESTAMENT

INTRODUCTION *(p.67)*

Genèse 17.1-4 ; Exode 24.4-8 ; Jean 5.39 ; 20.31 ; 1 Corinthiens 2.9-12 ; 2 Timothée 3.16-17 ; 2 Pierre 1.21.

1. Où trouvons-nous les vérités de la foi chrétienne ?
2. Que veut dire le mot *Bible* ?
3. Pourquoi la Bible est-elle le livre par excellence ?
4. Quel est le but de la Bible ?
5. Pouvons-nous étudier la Bible par nous-mêmes ?
6. En combien de parties la Bible est-elle divisée ?
7. Que veut dire le mot *Testament* ?
8. Pourquoi l'Ancien Testament porte-t-il ce nom ?

LA LOI *(p.68)*

1. Comment appelle-t-on les cinq premiers livres de l'Ancien Testament ?

2. Qui les a écrits ?

3. Quels sont les cinq premiers livres ?

GENÈSE *(p.69)*

Genèse 1 ; 2 ; 3 ; 12 ; 22 ; 32 ; 35.9-12 ; 49.10.

1. Que veut dire le mot *Genèse* ?

2. Pourquoi appelle-t-on le livre de la Genèse de ce nom ?

3. Pourquoi, d'après la Genèse, la venue de Jésus était-elle nécessaire ?

4. De qui Jésus doit-il être la postérité ?

EXODE *(p.70)*

Exode 3.1-14 ; 3.19-20 ; 12 ; 14 ; 19 ; 20.1-17 ; Jean 1.29 ; 1 Pierre 1.18-19.

1. Que veut dire le mot *Exode* ?

2. Pourquoi donne-t-on ce nom au deuxième livre de Moïse ?

3. Que contient encore le livre de l'Exode ?
4. Comment, d'après l'Exode, la venue de Jésus apparaît-elle comme nécessaire ?
5. A quelle condition Dieu peut-il épargner le croyant d'après l'Exode ?
6. Que nous montre cette histoire de l'agneau ?

LÉVITIQUE *(p.71)*

Lévitique 1.1-2 ; 16 ; 17 ; 19 ; Nombres 3.5-8.

1. Que contient le livre du Lévitique ?
2. Pourquoi le Lévitique s'appelle-t-il ainsi ?
3. Quel commandement important se trouve encore dans le Lévitique ?

NOMBRES *(p.72)*

Nombres 4.1-4 ; 13 ; 14 ; 20 ; 21 ; 26.1-2 ; Deutéronome 2.14 ; Jean 3.14-15.

1. Pourquoi le livre des Nombres porte-t-il ce nom ?
2. De quoi est-il question dans le livre des Nombres ?

3. Quel épisode du livre des Nombres annonce d'une manière particulière la venue de Jésus-Christ ?

4. Qu'est-ce que cet épisode nous montre ?

DEUTÉRONOME *(p.73)*

Deutéronome 5 ; 6 ; 12.1 : 18 ; 34 ;
Actes 3.22-23.

1. Que veut dire le mot *Deutéronome* ?

2. Pourquoi ce livre porte-t-il ce nom ?

3. Quelle loi très importante se trouve dans le Deutéronome ?

4. Comment Jésus-Christ est-il annoncé dans le Deutéronome ?

LES LIVRES HISTORIQUES *(p.73)*

1. Quelle est la deuxième grande division de l'Ancien Testament ?

2. Quel est le contenu de ces livres ?

3. Quels sont les livres historiques ?

4. Quel est l'intérêt de ces livres ?

JOSUÉ *(p.74)*

Josué 1.1-2 ; 3 ; 6 ; 7 ; 10 ; 20.

1. Qui était Josué ?
2. Comment le livre de Josué nous fait-il connaître Jésus-Christ ?

JUGES *(p.75)*

Juges 2.16-19 ; 4.4-5 ; 6 ; 7 ; 11 ; 13.1-5 ; 13.24-25.

1. Qui étaient les juges ?
2. Pourquoi les juges étaient-ils nécessaires ?
3. Quels ont été les principaux juges ?

RUTH *(p.76)*

En entier.

1. Qui était Ruth ?

1 et 2 SAMUEL *(p.76)*

1 Samuel 3.1-10 ; 7.15-17 ; 8 ; 10.1 ; 15 ; 16 ; 17 ; 18.29 ; 24.5 ; 2 Samuel 2.4 ; 7 ; 23.1-5 ; Actes 2.29-32.

1. Qui était Samuel ?
2. Comment Samuel a-t-il terminé son activité ?
3. Que contient le premier livre de Samuel ?
4. Qu'a fait Saül à la fin de son règne ?
5. Que contient le second livre de Samuel ?
6. Qu'est-ce qui est prédit sur Jésus-Christ dans les livres de Samuel ?

1 et 2 ROIS *(p.77)*

1 Rois 1.32-40 ; 3.5-15 ; 6.1 ; 10 ; 12 ; 17 ; 18 ; 19 ; 20 ; 2 Rois 5 ; 17.6 ; 17.13-14 ; 17.22 ; 21.1-3 ; 22.1-2 ; 25.8-11.

1. Que contiennent les livres des Rois ?
2. Qui a succédé à David ?
3. Par quoi Salomon est-il surtout connu ?
4. Que s'est-il passé après la mort de Salomon ?
5. Comment les rois d'Israël se sont-ils conduits ?

6. Combien de temps le royaume d'Israël a-t-il subsisté ?

7. Comment les rois de Juda se sont-ils conduits ?

8. Combien de temps le royaume de Juda a-t-il subsisté ?

9. Dieu a-t-il abandonné les Israélites à leurs péchés ?

1 et 2 CHRONIQUES *(p.79)*

1 Chroniques 1.1 ; 6.1 ; 11.1-3 ; 22.1 ; 28 ; 29 ; 2 Chroniques 1.1 ; 8.1 ; 29 ; 30 ; 36.19-20.

1. Que contient le premier livre des Chroniques ?

2. Que contient le deuxième livre des Chroniques ?

3. Quel intérêt ont les livres des Chroniques, puisqu'ils racontent les évènements déjà racontés dans les livres de Samuel et des Rois ?

ESDRAS *(p.80)*

Esdras 1.1-5 ; 2.1-2 ; 2.64-65 ; 4.8-15 ; 7.6-10.

1. Qui était Esdras ?
2. Que contient le livre d'Esdras ?
3. Quelles ont été les étapes de ce retour ?

NÉHÉMIE *(p.81)*

Néhémie 1 ; 2 ; 8.

1. Qui était Néhémie ?

ESTHER *(p.81)*

Esther en entier ; Nombres 24.17.

1. Qui était Esther ?
2. Pourquoi était-il impossible que le plan de massacre comploté par Haman se réalise ?

LES LIVRES POÉTIQUES *(p.81)*

1. Quelle est la troisième grande division de la Bible ?
2. Quels sont les livres poétiques ?
3. Quelle est la nature de la poésie hébraïque ?

JOB *(p.82)*

Job 1 ; 2 ; 11.14-16 ; 15.5-6 ; 18 ; 19 ; 22.4-11 ; 38 ; 39 ; 42.

1. Qui était Job ?
2. Pourquoi Job a-t-il souffert ?
3. Quelle attitude les amis de Job ont-ils eue en face de son malheur ?
4. Comment Job a-t-il été consolé ?
5. Comment Job a-t-il attendu Jésus-Christ ?

PSAUMES *(p.83)*

Psaumes 1 ; 2 ; 14 ; 16 ; 22 ; 23 ; 34 ; 42 ; 51 ; 69 ; 90 ; 100 ; 103 ; 105 ; 110 ; 112 ; 117 ; 119.1-24 ; 130 ; 137 ; 150.

1. Que sont les Psaumes ?
2. Qui a composé la plupart des Psaumes ?
3. Quels sont les sentiments qui s'expriment dans les Psaumes ?
4. Quel est le témoignage que le livre des Psaumes rend à Jésus-Christ ?

PROVERBES (p.84)

1 Rois 4.30-34 ; Proverbes 1 ; 3 ; 9 ; 20 ; 25 ; 26 ; 31.

1. Qui a composé le livre des Proverbes ?
2. Que sont les Proverbes ?
3. Quelles vertus sont recommandées dans les Proverbes ?
4. Contre quels dangers le livre des Proverbes nous met-il en garde ?
5. Comment peut-on résumer le livre des Proverbes ?

ECCLÉSIASTE (p.86)

Ecclésiaste 1 ; 2 ; 12.

1. Qui a composé l'Ecclésiaste ?
2. Que signifie le mot *Ecclésiaste* ?
3. Quel est le sujet du livre de l'Ecclésiaste ?
4. Quelle est la conclusion que nous devons tirer de ce livre ?

CANTIQUE des CANTIQUES *(p.87)*

Cantique des Cantiques en entier ;
Éphésiens 5.25.

1. Qui a composé le Cantique des Cantiques ?

2. Pourquoi appelle-t-on ce livre *Cantique des Cantiques ?*

3. Quel est le sujet du Cantique des Cantiques ?

4. De quoi cet amour est-il l'image ?

LES LIVRES PROPHÉTIQUES *(p.87)*

1. Qu'est-ce qu'un prophète ?

2. Quels sont les livres prophétiques ?

ÉSAÏE *(p.88)*

Ésaïe 1 ; 6 ; 7 ; 9 ; 11 ; 12 ; 40 ; 42 ; 48 ; 53 ; 61 ; 2 Chroniques 26.22 ; 32.20 ; 32.32.

1. Qui était Ésaïe ?

2. Par quoi le message d'Ésaïe se distingue-t-il ?

3. Quel événement Ésaïe annonce-t-il dans la deuxième partie de son livre ?

4. Pourquoi le livre d'Ésaïe nous intéresse-t-il particulièrement ?

5. Quels événements de la vie de Jésus ont été annoncés par Ésaïe ?

JÉRÉMIE *(p.89)*

Jérémie 1 ; 18 ; 20 ; 25.8-14 ; 31 ; 36 ; 37 ; 38 ; 39 ; 2 Chroniques 36.21.

1. Qui était Jérémie ?

2. Qu'est-ce qui distingue Jérémie ?

3. Qu'est-ce que Jérémie a annoncé aux habitants de Jérusalem ?

4. Par quoi le livre de Jérémie nous intéresse-t-il particulièrement ?

LAMENTATIONS de JÉRÉMIE *(p.90)*

Lamentations de Jérémie 3.

1. Qu'est-ce que le livre des Lamentations de Jérémie ?

2. Les lamentations ne laissent-elles à Jérémie aucun espoir ?

ÉZÉCHIEL *(p.90)*

Ézéchiel 1 ; 3.4-19 ; 8 ; 33 ; 36 ; 37.

1. Qui était Ézéchiel ?
2. Qu'est-ce qui distingue le message d'Ézéchiel ?
3. Quelle promesse trouvons-nous dans Ézéchiel pour le temps présent ?
4. Quelle promesse trouvons-nous dans Ézéchiel pour l'avenir ?

DANIEL *(p.91)*

Daniel 1 ; 3 ; 5 ; 6 ; 7 ; 9.

1. Qui était Daniel ?
2. Quelle était l'attitude de Daniel à la cour de ces rois ?
3. Quelle prophétie de Daniel nous intéresse particulièrement ?

LES PETITS PROPHÈTES *(p.92)*

1. Qui étaient les petits prophètes ?
2. Leur message est-il moins important que celui des autres prophètes, pour qu'on les ait appelés petits ?

OSÉE *(p.92)*

Osée 1 ; 6 ; 14.

1. Qui était Osée ?
2. Quel était le message d'Osée ?

JOËL *(p.93)*

En entier.

1. Quelle promesse importante se trouve dans Joël ?

AMOS *(p.93)*

Amos 1 ; 5 ; 7.

1. Qui était Amos ?
2. Quel était le message d'Amos ?

ABDIAS (p.94)

En entier

1. Qu'est-ce qu'Abdias a annoncé ?

JONAS (p.94)

En entier.

1. Qui était Jonas ?
2. Que nous enseigne le livre de Jonas ?

MICHÉE (p.94)

Michée 4.1-8 ; 5.1 ; 6.6-8.

1. Quelle prophétie de Michée est la plus remarquable ?

NAHUM (p.95)

En entier

1. Qu'est-ce que Nahum a annoncé ?

HABAKUK (p.95)

En entier.

1. Quelle parole importante se trouve dans Habakuk ?

SOPHONIE *(p.95)*

En entier.

1. Qui était Sophonie ?

2. Quels évènements a-t-il annoncé ?

AGGÉE-ZACHARIE *(p.96)*

Aggée en entier ; Zacharie 3.12 ; 4.8-10 ; 9 ; 11 ; 12 ; 13 ; 14.

1. A quelle tâche se sont employés Aggée et Zacharie ?

2. Qu'est-ce que Zacharie a annoncé en ce qui concerne la première venue de Jésus ?

3. Qu'est-ce que Zacharie a annoncé sur la deuxième venue du Christ ?

MALACHIE *(p.96)*

Malachie 3 ; 4.2 ; 4.5-6 ; 5.1.

1. Quand Malachie a-t-il exercé son ministère ?

2. Quelle prophétie de Malachie est importante ?

LA BIBLE :
NOUVEAU TESTAMENT

LE NOUVEAU TESTAMENT *(p.99)*

Luc 22.20 ; Jean 1.12.

1. Que veut dire l'expression *Nouveau Testament* ?
2. Qui a conclu la nouvelle alliance ?
3. Avec qui ?
4. Quelles sont les grandes divisions du Nouveau Testament ?

LES ÉVANGILES *(p.100)*

Marc 1.1 ; Romains 1.16-17.

1. Que veut dire le mot *Évangile* ?
2. En quoi consiste l'Évangile ?
3. Que sont les livres appelés Évangiles ?
4. Quels sont les quatre Évangiles ?

MATTHIEU *(p.100)*

Matthieu 1 ; 2 ; 5 ; 6 ; 7 ; 9 ; 10 ; 13 ; 15 ; 18 ; 19 ; 22 ; 23 ; 24 ; 25 ; 27 ; 28.

1. Qui était Matthieu ?
2. Comment Matthieu présente-t-il Jésus ?
3. Quels sont les principaux discours de Jésus rapportés par Matthieu ?

MARC *(p.101)*

Marc 1 ; 5 ; Actes 12.12 ; 12.25.

1. Qui était Marc ?
2. Comment Marc a-t-il composé son Évangile ?
3. Qu'est-ce qui caractérise l'Évangile de Marc ?

LUC *(p.102)*

Luc 1 ; 2 ; 4 ; 7 ; 10 ; 15 ; 18 ; 19 ; 23 ; 24.

1. Qui était Luc ?
2. Comment Luc a-t-il composé son Évangile ?

3. Comment Luc présente-t-il Jésus-Christ ?

4. Citez trois cas où Jésus accorde le salut à de grands pécheurs.

5. Citez cinq paraboles qui parlent de miséricorde et de pardon.

JEAN *(p.103)*

Jean 3 ; 4 ; 6 ; 9 ; 10 ; 11 ; 13 ; 14 ; 15 ; 16 ; 17 ; 20 ; 21.

1. Qui était Jean ?

2. Pourquoi a-t-il écrit son Évangile ?

3. Quels sont les principaux récits de l'Évangile de Jean ?

4. Quels sont les principaux discours de Jésus contenus dans l'Évangile de Jean ?

LES ACTES DES APÔTRES *(p.105)*

Actes 1 ; 2 ; 10 ; 16 ; 20 ; 27 ; 28.

1. Qui a écrit ce livre ?

2. Que contient le livre des Actes ?

3. Comment les apôtres ont-ils pu être les instruments de Jésus ?

4. Sur quels apôtres avons-nous le plus de détails ?

5. Comment Luc a-t-il eu connaissance des faits qu'il raconte ?

LES ÉPÎTRES DE PAUL *(p.106)*

1. Que sont les épîtres ?

2. Quel apôtre a écrit le plus grand nombre d'épîtres ?

3. Quelles sont les épîtres de Paul ?

ROMAINS *(p.106)*

Romains 1 ; 3 ; 6 ; 7 ; 8 ; 9 ; 10.9-13 ; 11 ; 12 ; 13 ; 15.14-16.

1. Pourquoi Paul a-t-il écrit aux Romains ?

2. Paul était-il déjà allé à Rome à ce moment-là ?

3. Quel est le sujet de l'épître aux Romains ?

4. Comment Paul présente-t-il ce message ?

1 et 2 CORINTHIENS *(p.107)*

1 Corinthiens 1 ; 2 ; 7 à 15 ; 17 ;
2 Corinthiens 7 à 10.

1. Quand Paul a-t-il formé l'Église de Corinthe ?

2. Pourquoi Paul a-t-il écrit la première épître aux Corinthiens ?

3. Comment Paul cherche-t-il à obvier (*remédier*) aux divisions des Corinthiens ?

4. Quelles étaient les questions posées par les Corinthiens ?

5. Quel chapitre de la première épître aux Corinthiens est spécialement intéressant ?

6. Pourquoi Paul a-t-il écrit la deuxième épître aux Corinthiens ?

7. Quel sujet Paul aborde-t-il encore dans la deuxième épître aux Corinthiens ?

GALATES *(p.109)*

Galates 1 ; 2 ; 3 ; 5 ; Actes 16.

1. Qui étaient les Galates ?

2. Qui avait fondé l'Église de Galatie ?

3. Pourquoi Paul écrit-il aux Galates ?

4. Sur quoi Paul insiste-t-il dans l'épître aux Galates ?

5. Cela doit-il nous encourager à pécher ?

ÉPHÉSIENS *(p.110)*

Éphésiens 2 ; 3.8-21 ; 4 ; 6 ; Actes 20.17-21 ; 20.31.

1. Comment l'Église d'Éphèse a-t-elle été fondée ?

2. Quel message contient l'épître aux Éphésiens ?

PHILIPPIENS *(p.111)*

Philippiens en entier ; Actes 16.9 ; 16.15.

1. Où se trouve la ville de Philippes ?

2. Comment l'Église de Philippes a-t-elle été fondée ?

3. Pourquoi Paul a-t-il écrit aux Philippiens ?

4. Quel est le message central de l'épître aux Philippiens ?

COLOSSIENS (p.112)

Colossiens 1 ; 2 ; 3.

1. Où se trouve Colosses ?
2. Comment l'Église de Colosses a-t-elle été fondée ?
3. Pourquoi Paul écrit-il aux Colossiens ?

1 et 2 THESSALONICIENS (p.112)

1 Thessaloniciens 1 ; 4 ; 5 ; 2 Thessaloniciens 2 ; Actes 17.1 ; 17.10.

1. Où se trouve Thessalonique ?
2. Comment l'Église de Thessalonique a-t-elle été fondée ?
3. Quel est le message de la première épître aux Thessaloniciens ?
4. Pourquoi Paul a-t-il écrit la deuxième épître aux Thessaloniciens ?
5. Quelle précision Paul donne-t-il à ses lecteurs ?

1 et 2 TIMOTHÉE (p.113)

1 Timothée 1 à 6 ; 2 Timothée 1 ; 4.

1. Qui était Timothée ?
2. Quel était le but de Paul quand il a écrit la première épître à Timothée ?
3. Quel était le but de Paul en écrivant la deuxième épître à Timothée ?

TITE *(p.114)*

En entier.

1. Qui était Tite ?
2. Pourquoi Paul lui écrit-il ?

PHILÉMON *(p.115)*

En entier.

1. Qui était Philémon ?
2. Pourquoi Paul lui écrit-il ?

LES AUTRES ÉPÎTRES

HÉBREUX *(p.115)*

Hébreux 1 ; 3 ; 7 ; 9 à 12.

1. Qui a écrit l'épître aux Hébreux ?

2. Qui étaient les Hébreux auxquels cette épître est destinée ?

3. Comment cet auteur présente-t-il Jésus-Christ ?

4. Quel chapitre est le plus connu de l'épître aux Hébreux ?

JACQUES *(p.116)*

Jacques en entier ; Galates 1.18-19 ; 2.9.

1. Qui était Jacques, l'auteur de l'épître ?

2. A qui a-t-il adressé son épître ?

3. Qu'est-ce qui distingue l'épître de Jacques ?

4. Quels sujets aborde-t-il ?

1 et 2 PIERRE *(p.117)*

1 Pierre 1 ; 2 ; 3.13 ; 3.18 ; 4.1-2 ; 4.12 ; 4.16 ; 5 ; 2 Pierre 3.

1. Combiens d'épîtres ont été écrites par Pierre ?

2. A qui a-t-il adressé ses épîtres ?

3. Quelle exhortation adresse-t-il à ses lecteurs dans sa première épître ?

4. Qui, aux yeux de l'apôtre Pierre, est la pierre principale de l'Église ?

5. Quelle exhortation Pierre adresse-t-il à ses lecteurs dans sa deuxième épître ?

1, 2 et 3 JEAN *(p.118)*

1 Jean 1 ; 4 ; 5 ; 2 Jean ; 3 Jean.

1. Combien d'épîtres ont été écrites par Jean ?

2. Quand a-t-il écrit ses épîtres ?

3. Pourquoi a-t-il écrit sa première épître ?

4. Quelle exhortation Jean adresse-t-il à ses lecteurs ?

5. A qui Jean a-t-il adressé sa deuxième épître ?

6. Que lui dit-il ?

7. A qui Jean a-t-il adressé sa troisième épître ?

JUDE *(p.119)*

Jude en entier ; Marc 6.3.

1. Qui était Jude, l'auteur de l'épître ?
2. Quelle exhortation donne-t-il dans son épître ?

APOCALYPSE *(p.119)*

Apocalypse 1 ; 2 ; 3 ; 12 ; 13 ; 19 à 22.

1. Que veut dire le mot *Apocalypse* ?
2. Qui a écrit le livre de l'Apocalypse ?
3. A qui le livre de l'Apocalypse est-il adressé ?
4. Que contient le livre de l'Apocalypse ?
5. Quelles puissances, d'après l'Apocalypse, s'opposent à Jésus-Christ ?
6. Que contiennent les derniers chapitres de l'Apocalypse ?

LES DIX COMMANDEMENTS

INTRODUCTION (p.123)

Genèse 9.1-7 ; Exode 19.5-6 ; 19.20 ; 20.1-17 ; Psaumes 1.1-3 ; Luc 5.31-32 ; Romains 2.14-15 ; 2.18 ; 3.9-12 ; 3.20 ; 7.4-6 ; 7.22 ; 7.25 ; Galates 3.24 ; 4.4-7 ; Jacques 2.14-23 ; 1 Jean 2.3-4.

1. Quand Dieu a-t-il donné les dix commandements ?

2. Qu'est-ce que les dix commandements nous révèlent ?

3. Comment ceux qui ignorent les dix commandements peuvent-ils connaître la volonté de Dieu ?

4. La loi, dans ces conditions, est-elle utile ?

5. Pouvons-nous obéir à la loi de Dieu par nous-mêmes ?

6. A quoi sert la loi si nous ne pouvons pas y obéir ?

7. Pourquoi est-il important que nous sachions que nous sommes pécheurs ?

8. Dès lors que nous avons accepté le salut en Jésus-Christ, quelle est notre position à l'égard de la loi ?

9. Notre vie doit-elle quand même être conforme à la loi ?

10. Dans quel sentiment accomplissons-nous ce que la loi commande ?

11. Que penser de ceux qui disent qu'ils sont sauvés et qui ne vivent pas selon la volonté de Dieu ?

12. Quel besoin avons-nous encore de la loi puisque nous n'y sommes plus soumis, et que nous pouvons faire spontanément le bien, par l'Esprit de Dieu ?

13. De combien de parties se compose la loi ?

LA PREMIÈRE TABLE

1. A quoi se rapportent les commandements de la première table ?

LE PREMIER COMMANDEMENT *(p.127)*

Exode 20.3 ; 32.1-10 ; 34.14 ;
Deutéronome 5.7-9 ; 18.9-14 ;
Psaumes 147.19-20 ; Ésaïe 45.21-22 ;
Jean 8.44 ; 17.3 ; Colossiens 1.12-20 ; 3.5 ;
Philippiens 3.19 ; Apocalypse 19.10.

1. Quel est le premier commandement ?

2. Que signifie ce commandement ?

3. Comment Dieu était-il le Dieu des Israélites ?

4. Comment Dieu est-il notre Dieu ?

5. La foi en la Trinité est-elle contraire au premier commandement ?

6. Comment pouvons-nous risquer d'adorer d'autres dieux que le vrai Dieu ?

7. Avons-nous le droit de nous livrer à des pratiques occultes ?

8. Avons-nous le droit de nous prosterner devant une autre personne que Dieu ?

LE SECOND COMMANDEMENT *(p.129)*

Genèse 1.2 ; Exode 20.4 ; 25 ; 32 ; Jean 1.18 ; 4.24 ; Colossiens 1.15.

1. Quel est le second commandement ?

2. Dieu, par ce commandement, interdit-il toute peinture et toute sculpture ?

3. De qui ne devons-nous pas nous faire d'image ?

4. Quelle image Dieu nous a-t-il donné de lui-même ?

LE TROISIÈME COMMANDEMENT *(p.130)*

Exode 3.13-15 ; 20.7.

1. Quel est le troisième commandement ?

2. Quel est le nom de l'Éternel ?

3. Comment les Israélites ont-ils observé ce commandement ?

4. Comment risquons-nous d'employer le nom de Dieu en vain ?

5. Que devons-nous faire pour ne pas employer le nom de Dieu en vain ?

LE QUATRIÈME COMMANDEMENT *(p.132)*

Exode 20.8-11 ; Psaumes 19.8 ; 94.12 ; Actes 20.7 ; Romains 7.22 ; Colossiens 2.16-17 ; Hébreux 3.15 à 4.11.

1. Quel est le quatrième commandement ?

2. Quel est le septième jour ?

3. De quoi le sabbat israélite était-il la figure ?

4. Quand devons-nous vivre dans ce sabbat chrétien ?

5. Qu'est-ce que le dimanche ?

6. Est-ce un péché de travailler le dimanche ?

LA DEUXIÈME TABLE

1. A quoi se rapportent les commandements de la deuxième table ?

LE CINQUIÈME COMMANDEMENT *(p.134)*

Exode 20.12 ; Proverbes 1.8-9 ; 6.20-23 ; 30.17 ; Matthieu 10.37 ; Luc 2.51-52 ; Actes 5.29 ; Éphésiens 6.1 ; 6.4 ; Colossiens 3.20.

1. Quel est le cinquième commandement ?
2. Pourquoi ce commandement vient-il impérativement après les commandements de la première table ?
3. Pourquoi nos devoirs envers les parents sont-ils si importants ?
4. Y-a-t-il un cas où nous ne devons pas obéir à nos parents ?
5. Qui a donné le plus bel exemple de soumission à ses parents ?

LE SIXIÈME COMMANDEMENT *(p.136)*

Genèse 9.6 ; Exode 20.13 ; 21.12-17 ; Matthieu 5.21-22 ; Luc 3.14 ; 1 Jean 3.15.

1. Quel est le sixième commandement ?
2. Que signifie ce commandement ?
3. Est-ce que ce commandement interdit que l'on mette à mort un criminel ?
4. Est-ce que ce commandement interdit que l'on soit soldat ?
5. Que faut-il faire, en outre, pour obéir à ce commandement ?

LE SEPTIÈME COMMANDEMENT *(p.138)*

Exode 20.14 ; Deutéronome 24.1 ; Job 31.1 ; Matthieu 5.27-28 ; 19.7-9 ; Romains 6.12 ; Éphésiens 5.22 ; 5.25-28 ; 1 Pierre 3.1-7.

1. Quel est le septième commandement ?
2. Qu'est-ce que l'adultère ?
3. Le divorce est-il permis ?
4. Quels sont les devoirs des époux ?

5. Que faut-il faire pour observer ce septième commandement ?

LE HUITIÈME COMMANDEMENT (p.139)

Exode 20.15 ; 23.12 ; 31.15 ; 34.21 ;
1 Corinthiens 6.7.

1. Quel est le huitième commandement ?
2. Que faut-il faire pour observer ce commandement ?

LE NEUVIÈME COMMANDEMENT (p.140)

Exode 20.16 ; Proverbes 12.17-22 ; Jean 8.44 ; 14.6 ; Éphésiens 4.31 ; 6.14 ; Colossiens 4.6 ; 1 Pierre 2.1 ; Apocalypse 21.8.

1. Quel est le neuvième commandement ?
2. Est-ce uniquement devant un tribunal que nous ne devons pas porter de faux témoignage ?
3. Y-a-t-il des cas où nous avons le droit de mentir ?

4. Sommes-nous toujours obligés de dire tout ce que nous pensons ?

5. Pourquoi le devoir de dire la vérité est-il si important ?

LE DIXIÈME COMMANDEMENT *(p.142)*

Exode 16.17-18 ; 20.17 ; Matthieu 6.19-33 ; 25.35-40 ; 2 Corinthiens 8.15 ; 1 Timothée 6.6-10 ; Jacques 1.15.

1. Quel est le dixième commandement ?

2. Pourquoi la convoitise est-elle coupable ?

3. Est-il nécessaire que les biens de la terre soient également répartis entre tous ?

4. Quelle condition devons-nous remplir pour avoir ce qui est nécessaire ?

5. Quel usage devons-nous faire de nos biens ?

CONCLUSION *(p.143)*

Matthieu 5 ; 6 ; 7 ; 22.36-40 ; Luc 7.40-47 ; 10.36-37 ; Jean 13.34-35 ; Colossiens 1.21 ; 1 Timothée 5.8 ; 1 Jean 4.8 ; 4.20-21 ; 5.2.

1. Comment Jésus a-t-il résumé la loi ?

2. Pourquoi ces deux commandements résument-ils tous les autres ?

3. Pourquoi Dieu veut-il être aimé ?

4. Aimons-nous Dieu naturellement ?

5. Que faut-il faire pour que nous aimions Dieu ?

6. Pourquoi l'amour pour Dieu et l'amour pour le prochain sont-ils si étroitement unis ?

7. Pouvons-nous vraiment aimer notre prochain sans aimer Dieu ?

8. Qui est le prochain que nous devons aimer ?

LE CREDO

Introduction au Credo *(p.147)*

1. Quel est le meilleur résumé de la foi chrétienne ?
2. Pourquoi appelle-t-on ce résumé *Symbole* ?
3. Pourquoi l'appelle-t-on *Symbole des apôtres* ?
4. Est-ce que ce sont vraiment les apôtres qui l'ont rédigé ?
5. Comment appelle-t-on encore le Symbole des apôtres ?
6. Que veut dire le mot *Credo* ?
7. Est-ce que le Symbole des apôtres est inspiré par Dieu ?

Je crois en Dieu le Père tout-puissant, Créateur du ciel et de la terre. *(p.148)*

Genèse 1.1 ; Deutéronome 32.5 ; Ruth 1.6 ; Psaumes 46.9-11 ; 50.16-23 ; 90.1-2 ; 104.28-30 ; Jérémie 7.31 ; Matthieu 19.26 ; Jean 1.12-13 ; 3.16 ; 5.17 ; 8.41-44 ; Romains 1.20-22 ; Ephésiens 2.3 ; 1 Jean 3.8

1. Pourquoi Dieu est-il appelé le Père ?
2. De qui Dieu est-il encore le Père ?
3. De qui ceux qui ne croient pas en Jésus sont-ils les enfants ?
4. Que veut dire le terme *tout-puissant* ?
5. Cela signifie-t-il que tout ce qui arrive soit la volonté de Dieu ?
6. Comment se fait-il que le Dieu tout-puissant n'empêche pas ses créatures de pécher ?
7. Dieu laissera-t-il toujours au mal la possibilité de s'exercer ?
8. Que voulons-nous dire lorsque nous déclarons que Dieu est le Créateur ?
9. Dieu lui-même a-t-il eu un commencement ?

10. Après avoir créé le monde, Dieu continue-t-il à s'occuper de lui ?

11. Quelle attitude devons-nous avoir devant Dieu puisqu'il est le Créateur ?

Je crois en Jésus-Christ, son Fils, notre Seigneur. *(p.151)*

Psaumes 2.2 ; Daniel 9.25-26 ; Matthieu 1.21 ; 21.10-11 ; Luc 4.18 ; Jean 1.3 ; 1.14-18 ; 1.41 ; 4.25 ; 13.13 ; Actes 10.38 ; 1 Corinthiens 8.6 ; Colossiens 1.15-16 ; Hébreux 7.3 ; 7.26-27 ; Apocalypse 19.16.

1. Que signifie le nom de Jésus ?

2. Que signifie le nom de Christ ?

3. Pourquoi Jésus est-il appelé Oint ?

4. Par qui Jésus a-t-il été oint ?

5. Ce titre de Messie ou de Christ était-il surprenant pour les contemporains de Jésus ?

6. Pourquoi Jésus est-il le Fils unique ?

7. Le Fils a-t-il eu un commencement ?

8. Que signifie le titre de Seigneur qui est donné à Jésus ?

9. Pourquoi appelons-nous Jésus notre Seigneur ?

Il a été conçu du Saint-Esprit, et il est né de la vierge Marie. *(p.153)*

Ésaïe 7.14 ; Matthieu 1.18-21 ; 4.2 ; Luc 1.26-27 ; 1.35 ; 2.22 ; Jean 1.14-18 ; 4.6 ; 19.28 ; 1 Timothée 2.5-6.

1. Jésus est-il né comme les autres hommes ?

2. Qui était Joseph ?

3. Comment la naissance de Jésus s'est-elle produite ?

4. Quelles sont les deux natures de Jésus en vertu de sa naissance ?

5. Quelle importance y avait-il à ce que Jésus soit en même temps Dieu et homme ?

6. Comment les Évangiles nous montrent-ils l'humanité de Jésus ?

Il a souffert sous Ponce-Pilate. Il a été crucifié. Il est mort. Il a été enseveli. Il est descendu aux enfers. *(p.155)*

Ésaïe 53.5-6 ; Matthieu 27.46 ; Luc 22.39-42 ; Jean 3.16 ; 10.17-18 ; 12.27 ; Romains 3.25-26 ; 4.23-25 ; 8.32 ; 1 Corinthiens 15.1-4 ; Galates 3.13 ; Hébreux 9.14 ; 9.22 ; 1 Pierre 1.18-19.

1. Quel est le but de la venue de Jésus sur terre ?
2. Qui est responsable de la crucifixion de Jésus ?
3. Sommes-nous innocents de cette crucifixion ?
4. Comment Jésus a-t-il accepté ce supplice ?
5. Dieu le Père a-t-il livré Jésus à la croix ?
6. Pourquoi Dieu le Père l'a-t-il livré à la mort ?
7. Quelle relation y-a-t-il entre nos péchés et la mort du Christ ?
8. Le sacrifice d'un homme ordinaire ou d'un ange aurait-il été suffisant ?

9. Que nous montre l'ensevelissement de Jésus ?

10. Dans quel sens pouvons-nous dire que Jésus est descendu aux enfers ?

11. Quelle attitude devons-nous avoir envers Jésus puisqu'il a souffert pour nous ?

Le troisième jour il est resssuscité des morts. *(p.157)*

Luc 24.45-47 ; Jean 20.3-8 ; Actes 4.33 ; 13.36-39 ; 20.7 ; Romains 4.25 ; 6.9 ; 1 Corinthiens 15.3-8 ; 15.17 ; Galates 2.20.

1. Quelle place la résurrection de Jésus occupe-t-elle dans l'Évangile ?

2. Pourquoi la résurrection de Jésus est-elle si importante ?

3. Comment pouvons-nous être sûrs de la résurrection de Jésus ?

4. Quelle différence y-a-t-il entre la résurrection de Jésus et les autres résurrections rapportées dans la Bible (celle de Lazare par exemple) ?

5. Est-il essentiel de croire à la résurrection pour être sauvé ?

6. Quelle conséquence la résurrection de Jésus a-t-elle pour notre vie ?

Il est monté au ciel. Il est assis à la droite de Dieu, le Père tout-puissant. De là il viendra juger les vivants et les morts. *(p. 159)*

Matthieu 24.33-36 ; 25.31-46 ; 28.20 ; Marc 16.19 ; Jean 5.22-24 ; Actes 1.1-11 ; Romains 8.34 ; Éphésiens 1.20-21 ; 2 Thessaloniciens 1.7-10 ; Hébreux 2.8 ; 7.25 ; Apocalypse 22.20.

1. Quand Jésus est-il monté au ciel ?
2. Jésus est-il maintenant absent de la terre ?
3. Quelle est l'occupation de Jésus dans le ciel ?
4. Qu'est-ce que cela veut dire que Jésus est à la droite de Dieu ?
5. Le règne de Jésus est-il déjà visible ?
6. Quand le règne de Jésus sera-t-il visible ?
7. Comment est-ce que Jésus reviendra ?
8. Quand est-ce que Jésus reviendra ?
9. Que fera Jésus à son retour ?

10. Devons-nous craindre le retour de Jésus ?

Je crois en l'Esprit Saint. *(p.161)*

Nombres 11.25 ; 2 Samuel 23.2 ; Jean 3.5-8 ; 7.38-39 ; 14.15-18 ; 16.7-11 ; Actes 1.5 ; 2.18 ; 5.3-4 ; Romains 8.16 ; 1 Corinthiens 2.9-14 ; 3.16 ; 6.19 ; 12.3 ; 12.11 ; 2 Corinthiens 3.18 ; Galates 5.16-17 ; Éphésiens 4.30 ; 5.18.

1. Qui est le Saint-Esprit ?
2. Le Saint-Esprit est-il une personne ou une influence ?
3. Comment savons-nous que le Saint-Esprit est une personne ?
4. Quand le Saint-Esprit est-il venu sur la terre ?
5. Le Saint-Esprit n'était-il pas à l'œuvre auparavant ?
6. Quelle différence y-a-t-il entre l'action du Saint-Esprit lors de l'ancienne alliance et son action présente ?
7. Le Saint-Esprit agit-il sur le cœur de ceux qui ne croient pas ?
8. Comment le Saint-Esprit est-il donné ?

9. Qu'est-ce que la régénération ?
10. Comment être sûr d'avoir reçu le Saint-Esprit ?
11. Quelle certitude le Saint-Esprit met-il dans notre cœur ?
12. Pourquoi avons-nous besoin du Saint-Esprit dans notre vie chrétienne ?
13. Qu'est-ce qui est nécessaire pour que le Saint-Esprit accomplisse son œuvre en nous ?
14. Que faut-il que nous fassions pour que le Saint-Esprit nous remplisse ?

Je crois la sainte Église universelle. *(p.165)*

Matthieu 18.17 ; 1 Corinthiens 1.1-2 ; 12.12-13 ; Éphésiens 2.19-20 ; 4.15-16 ; 5.25-27 ; Philippiens 3.15-16 ; Colossiens 1.18 ; 3.16-17 ; 1 Pierre 2.9-10 ; Apocalypse 5.9-10 ; 19.7-8 ; 22.17.

1. Pourquoi ne disons-nous pas : je crois en la sainte Église universelle ?
2. Que veut dire l'expression : je crois la sainte Église universelle ?

3. Qu'est-ce que l'Église universelle ?

4. Quand l'Église universelle sera-t-elle complète ?

5. A quoi l'Église universelle est-elle comparée dans la Bible ?

6. Comment peut-on dire que l'Église universelle est sainte ?

7. Que sont les Églises locales ?

8. La multiplicité des Églises est-elle un obstacle à l'unité de l'Église universelle ?

9. Pouvons-nous être unis à tous ceux qui portent l'étiquette de Jésus ?

10. Quelle est l'utilité de l'Église locale ?

La communion des saints. *(p.168)*

*Jean 13.34-35 ; Actes 2.42-47 ; 4.32-35 ;
1 Corinthiens 1.2 ; Philippiens 3.12-14 ;
Colossiens 3.12-13 ; 1 Pierre 1.15-16 ;
1 Jean 1.3-4 ; 3.2.*

1. Qui sont les saints ?

2. Quelle est l'obligation des saints ?

3. Quand les croyants seront-ils parfaitement saints ?

4. Que veut dire le mot *communion* ?

La rémission des péchés. *(p.169)*

Ésaïe 53.5-6 ; Actes 10.43 ; Romains 3.10-12 ; 3.23-24 ; 6.23 ; Galates 5.16-24 ; Éphésiens 1.7 ; 1 Jean 1.5-10 ; 2.3 ; 5.13.

1. Que veut dire le mot *rémission* ?

2. Tous les hommes ont-ils besoin de pardon ?

3. Pouvons-nous mériter le pardon ?

4. Comment Dieu nous accorde-t-il le pardon ?

5. Quelle condition Dieu a-t-il dû remplir pour nous donner le pardon ?

6. Quelle condition devons-nous remplir pour avoir le pardon ?

7. Pouvons-nous être sûrs d'être pardonnés ?

8. Est-ce que ce pardon gratuit doit être un encouragement à persévérer dans le mal ?

La résurrection de la chair et la vie éternelle. (p.171)

Psaumes 51.12-13 ; Ecclésiaste 12.9 ; Jérémie 31.31 ; Ézéchiel 11.19-20 ; 36.26-27 ; Matthieu 25.46 ; Luc 16.19-31 ; Jean 5.28-29 ; 6.47-48 ; 17.3 ; Romains 8.7 ; 8.23 ; 1 Corinthiens 15.42-43 ; 15.51-54 ; Philippiens 3.20-21 ; 1 Thessaloniciens 4.13-17 ; 1 Jean 3.2 ; Apocalypse 14.13 ; 20.11-15.

1. Quelle partie de notre personne est régénérée dès maintenant ?
2. Quel est l'état actuel de notre corps ?
3. Quand notre corps aura-t-il part au salut ?
4. Comment sera le corps ressuscité des croyants ?
5. Qu'en sera-t-il des croyants qui seront vivants au retour du Seigneur ?
6. Qu'en est-il des croyants entre leur décès et leur résurrection ?
7. Qu'est-ce que la vie éternelle ?
8. Quand commence la vie éternelle ?
9. Les perdus ressusciteront-ils aussi ?

10. Où sont les perdus entre leur décès et la résurrection ?

La Trinité *(p.173)*

Ésaïe 9.5 ; 40.3 ; Zacharie 12.10 ; Matthieu 3.16-17 ; 28.19 ; Marc 1.1-2 ; Jean 1.1 ; 10.30 ; 19.37 ; 20.17 ; 20.28 ; Actes 5.3-4 ; Romains 9.5 ; 2 Corinthiens 13.13 ; Éphésiens 1.3 ; Jacques 2.19 ; 1 Jean 3.24 ; Apocalypse 7.10.

1. En qui croyons-nous d'après le Symbole des apôtres ?

2. Que veut dire le mot *Trinité* ?

3. Pouvons-nous comprendre ce qu'est la Trinité ?

4. Le mot *Trinité* se trouve-t-il dans la Bible ?

5. Comment la Bible nous révèle-t-elle la Trinité ?

LA PRIÈRE

LA PRIÈRE *(p.177)*

Deutéronome 18.10 ; Psaumes 32 ; 51 ; 91.11 ; Ecclésiaste 9.5 ; Matthieu 4.11 ; 6.9 ; Jean 14.13-14 ; Éphésiens 6.18 ; 1 Thessaloniciens 5.17-18 ; 1 Timothée 2.1-2 ; 2.5 ; Hébreux 13.15 ; Apocalypse 19.9-10.

1. Pourquoi devons-nous prier ?

2. A qui adressons-nous nos prières ?

3. Pourquoi ne devons-nous pas invoquer les anges ?

4. Pourquoi ne devons-nous pas invoquer les croyants déjà morts ?

5. Quelles sont les diverses formes de prière ?

LE NOTRE PÈRE *(p.178)*

Matthieu 6.9-13 ; 7.11 ; 18.19-20 ; Luc 11.1-4 ; 18.13 ; Jean 4.19-24 ; Romains 8.14-17.

1. En quels termes Jésus nous a-t-il recommandé de prier ?

2. Devons-nous toujours prier en ces termes ?

3. Quel était le but de Jésus en nous enseignant le *Notre Père* ?

4. Quels sont ceux qui peuvent dire à Dieu « Notre Père » ?

5. Quelle prière doivent adresser à Dieu ceux qui n'ont pas encore reçu le salut en Jésus-Christ ?

6. Quel sentiment devons-nous avoir envers Dieu puisque nous l'appelons Père ?

7. Pourquoi Jésus nous invite-t-il à dire « Notre Père » ?

8. Que devons-nous conclure de ce que Dieu est notre Père qui est aux cieux ?

LE NOTRE PÈRE : LES TROIS PREMIÈRES REQUÊTES *(p.181)*

Exode 20.1-7 ; Deutéronome 6.1-6 ; Psaumes 119.33-40 ; 119.47 ; Matthieu 5.16 ; 6.9-10 ; Luc 17.20 ; Jean 3.5 ; 4.34 ; Galates 5.24 ; Éphésiens 2.10 : Philippiens 4.13 ; Colossiens 1.9-11 ; 4.12 ; 2 Thessaloniciens 1.10 ; 1 Timothée 2.8 ; Hébreux 12.9 ; Jacques 1.25 ; 4.7 ; Apocalypse 22.20.

1. Quelles sont les trois premières requêtes ?

2. Pourquoi ces requêtes doivent-elles être présentées en premier lieu ?

3. Que veut dire le mot *sanctifier* ?

4. Comment pouvons-nous demander que le nom de Dieu soit sanctifié ?

5. Quelle doit-être l'attitude des chrétiens pour que les hommes reconnaissent que le nom de Dieu est saint ?

6. Quand est-ce que le règne de Dieu viendra ?

7. Y-a-t-il un endroit où le règne de Dieu existe déjà ?

8. Dans quel sentiment devons-nous dire : « Ton règne vienne » ?

9. Que faut-il pour que Dieu règne dans notre cœur ?

10. Quelle utilité y-a-t-il à demander que la volonté de Dieu soit faite ?

11. Nous est-il toujours facile d'accepter la volonté de Dieu ?

LE NOTRE PÈRE : LES QUATRE DERNIÈRES REQUÊTES *(p.184)*

1 Chroniques 29.11-13 ; Psaumes 104.27-30 ; Matthieu. 6.11-13 ; 6.25-34 ; 18.21-35 ; Marc 11.25 ; Luc 21.27-28 ; Jean 14.14 ; Romains 3.25 ; 6.1-4 ; 8.12-13 ; 1 Corinthiens 10.13 ; Éphésiens 2.4-8 ; Philippiens 4.13 ; 1 Thessaloniciens 4.11-12 ; Hébreux 13.18 ; Jacques 1.12-14 ; 1 Jean 1.8-10 ; 5.14-15.

1. Quelles sont les quatre dernières requêtes ?

2. Qu'est-ce que notre pain quotidien ?

3. Pourquoi devons-nous demander à Dieu notre pain quotidien ?

4. Cela signifie-t-il que nous ne devons pas travailler pour gagner notre pain quotidien ?

5. Pourquoi le chrétien doit-il encore demander pardon pour ses offenses ?

6. Devons-nous être négligents en pensant que Dieu nous pardonnera quand même ?

7. Est-ce qu'en pardonnant à ceux qui nous ont offensés nous méritons le pardon de Dieu ?

8. Comment aurons-nous la force de pardonner à ceux qui nous ont offensés ?

9. Pourquoi demandons-nous à Dieu de ne pas nous laisser entrer en tentation ?

10. Quand serons-nous délivrés du malin ?

11. Y-a-t-il une délivrance que nous puissions connaître dès maintenant ?

12. Dieu nous tente-t-il ?

13. Par quelle formule aimons-nous à terminer le *Notre Père* ?

LE BAPTÊME

LE BAPTÊME *(p.189)*

Matthieu 3.1-6 ; 3.13-15 ; 19.14 ; 28.19 ; Marc 1.4-5 ; 16.16 ; Luc 23.42-43 ; Jean 1.28-29 ; 3.1-6 ; Actes 2.38 ; Romains 6.3-5 ; 1 Pierre 1.1-2 ; 3.21.

1. Que veut dire le mot *baptême* ?
2. Quand, dans la Bible, est-il question pour la première fois de baptême ?
3. Que signifiait le baptême de Jean-Baptiste ?
4. Pourquoi Jésus s'est-il fait baptiser ?
5. Pourquoi pratique-t-on le baptême aujourd'hui ?
6. Pourquoi Jésus a-t-il commandé que le baptême soit fait au nom du Père, du Fils et du Saint-Esprit ?
7. Quelles dispositions doivent exister chez celui qui se fait baptiser ?

8. Le baptême est-il nécessaire au salut ?

9. Tous ceux qui sont baptisés sont-ils sauvés ?

10. Quelle relation y-a-t-il entre le baptême et le salut ?

11. Qui doit recevoir le baptême ?

12. Les petits enfants qui meurent en bas âge sont-ils sauvés ?

LA SAINTE-CÈNE

LA SAINTE-CÈNE *(p.193)*

Exode 12.1-28 ; Ésaïe 53.5 ; Matthieu 5.23-24 ; 18.15 ; 26.17 ; 26.20 ; 26.26-28 ; Jean 1.12 ; 3.16 ; 6.62-63 ; 14.15-18 ; Romains 6.23 ; 1 Corinthiens 1.9 ; 5.7 ; 10.16-17 ; 11.26-30 ; Galates 5.16-17 ; 5.24-25 ; Hébreux 9.25-26 ; 12.14 ; 1 Jean 1.6-9.

1. Que veut dire le mot *Cène* ?

2. Comment appelle-t-on encore la Cène ?

3. Pourquoi l'appelle-t-on ainsi ?

4. Quand la Sainte-Cène a-t-elle été instituée ?

5. Que rappelait le repas de la Pâque aux Israélites ?

6. Pourquoi Jésus a-t-il institué la Sainte-Cène au cours du repas de la Pâque ?

7. Jésus-Christ est-il matériellement présent dans le pain et dans le vin ?

8. La Sainte-Cène est-elle un sacrifice ?

9. Qu'est-ce que nous annonçons quand nous prenons la Sainte-Cène ?

10. Quel avantage y-a-t-il à prendre la Sainte-Cène ?

11. Est-il nécessaire de communier pour avoir Jésus-Christ dans son cœur ?

12. La Sainte-Cène est-elle destinée à tout le monde ?

13. Faut-il être parfait pour participer à la Sainte-Cène ?

14. Puisque, en prenant la Sainte-Cène, nous annonçons la mort du Seigneur, quelle est la première condition que nous devons remplir pour y participer ?

15. Puisque, en prenant la Sainte-Cène, nous montrons que nous désirons que Jésus remplisse notre cœur, quelle est la seconde condition que nous devons remplir pour y participer ?

16. Puisque la Sainte-Cène est une communion avec Jésus-Christ, quelle est la troisième condition que nous devons remplir pour y participer ?

17. Que faut-il pour que nous soyons en communion avec Jésus ?

18. Puisque la Sainte-Cène est une communion les uns avec les autres, quelle est la quatrième condition que nous devons remplir pour participer à la Sainte-Cène ?

19. Est-il nécessaire d'être baptisé pour communier ?

20. Qui peut nous dire si nous sommes en état de communier ?

21. Que devons-nous faire si quelqu'un communie, et que nous ayons l'impression qu'il ne devrait pas le faire ?

RÉPONSES

LA BIBLE :
ANCIEN TESTAMENT

INTRODUCTION

1. *Où trouvons-nous les vérités de la foi chrétienne ?*

Dans la Bible (2 Timothée 3.16-17).

2. *Que veut dire le mot Bible ?*

Livre. La Bible est le livre par excellence.

3. *Pourquoi la Bible est-elle le livre par excellence ?*

Parce qu'elle est la Parole de Dieu (2 Timothée 3.16-17 ; 2 Pierre 1.21).

4. *Quel est le but de la Bible ?*

De nous faire connaître Jésus-Christ et de nous faire trouver en lui notre Sauveur (Jean 5.39 ; 20.31).

5. *Pouvons-nous étudier la Bible par nous-mêmes ?*

Non. Nous avons besoin de l'aide du Saint-Esprit (1 Corinthiens 2.9-12).

6. *En combien de parties la Bible est-elle divisée ?*

En deux : l'Ancien et le Nouveau Testament.

7. *Que veut dire le mot Testament ?*

Alliance entre Dieu et les hommes.

8. *Pourquoi l'Ancien Testament porte-t-il ce nom ?*

Parce qu'il nous parle de l'ancienne alliance faite par Dieu avec le peuple d'Israël pour préparer la venue de Jésus (Genèse 17.1-4 ; Exode 24.4-8).

LA LOI

1. *Comment appelle-t-on les cinq premiers livres de l'Ancien Testament ?*

Le Pentateuque (les cinq rouleaux) ou la Loi.

2. *Qui les a écrits ?*

Moïse.

3. *Quels sont les cinq premiers livres ?*

La Genèse, l'Exode, le Lévitique, les Nombres, le Deutéronome.

GENÈSE

1. *Que veut dire le mot Genèse ?*

Commencement, origine.

2. *Pourquoi appelle-t-on le livre de la Genèse de ce nom ?*

Parce qu'il nous parle du commencement du monde (Genèse 1.1), du commencement de l'humanité (Genèse 1.26), du commencement du péché (Genèse 3.1-6), du commencement du peuple d'Israël (Genèse 12.1-3).

3. *Pourquoi, d'après la Genèse, la venue de Jésus était-elle nécessaire ?*

A cause du péché. Il fallait que les descendants de la femme écrasent la tête du serpent (Genèse 3.15).

4. *De qui Jésus doit-il être la postérité ?*

D'Abraham, d'Isaac, de Jacob. Toutes les nations doivent être bénies dans leur postérité (Genèse 12.1-3).

EXODE

1. *Que veut dire le mot Exode ?*

Sortie.

2. *Pourquoi donne-t-on ce nom au deuxième livre de Moïse ?*

Parce que ce livre nous raconte la sortie des Israélites hors d'Égypte (Exode 3.19-20 ; 12.37-42).

3. *Que contient encore le livre de l'Exode ?*

Plusieurs lois données au Sinaï, en particulier les dix commandements (Exode 20.1-17).

4. *Comment, d'après l'Exode, la venue de Jésus apparaît-elle comme nécessaire ?*

Pour que les péchés commis contre les commandements de Dieu puissent être pardonnés (1 Pierre 1.18-19).

5. *A quelle condition Dieu peut-il épargner le croyant d'après l'Exode ?*

Il faut un sacrifice ; le sang de l'agneau pascal permet au fils aîné des Israélites d'être épargné, tandis que les premiers-nés des Egyptiens sont frappés (Exode 12.21-27).

6. *Que nous montre cette histoire de l'agneau ?*

Nous avons besoin du sang de Jésus pour être purifié de tout péché (Jean 1.29).

LÉVITIQUE

1. *Que contient le livre du Lévitique ?*

Les lois relatives aux sacrifices d'animaux offerts à Dieu pour le pardon des péchés (Lévitique 1.2).

2. *Pourquoi le Lévitique s'appelle-t-il ainsi ?*

Parce que les sacrificateurs devaient être des descendants de Lévi, fils de Jacob (Nombres 3.5-8).

3. *Quel commandement important se trouve encore dans le Lévitique ?*

Lévitique 19.18 : « Tu aimeras ton prochain comme toi-même ».

NOMBRES

1. *Pourquoi le livre des Nombres porte-t-il ce nom ?*

Parce qu'il commence par le dénombrement des Israélites au pied du Sinaï (Nombres 4.1-4). Un autre dénombrement des Israélites nous est présenté au chapitre 26 (Nombres 26.1-2).

2. *De quoi est-il question dans le livre des Nombres ?*

Des 38 ans que les Israélites ont passé dans le désert (Deutéronome 2.14).

3. *Quel épisode du livre des Nombres annonce d'une manière particulière la venue de Jésus-Christ ?*

L'épisode du serpent d'airain (Nombres 21.4-9).

4. *Qu'est-ce que cet épisode nous montre ?*

Que nous devons regarder à Jésus et croire en lui pour être sauvés (Jean 3.14-15).

DEUTÉRONOME

1. *Que veut dire le mot Deutéronome ?*

Seconde Loi ou répétition de la loi.

2. *Pourquoi ce livre porte-il ce nom ?*

Parce qu'il contient des lois qui répètent ou complètent les lois de l'Exode et du Lévitique (Deutéronome 12.1).

3. *Quelle loi très importante se trouve dans le Deutéronome ?*

Deutéronome 6.5 : « Tu aimeras l'Éternel, ton Dieu, de tout ton cœur, de toute ton âme et de toute ta force ».

4. *Comment Jésus-Christ est-il annoncé dans le Deutéronome ?*

Comme le prophète semblable à Moïse qui apporte aux hommes le message de Dieu (Deutéronome 18.18 ; Actes 3.22-23).

LES LIVRES HISTORIQUES

1. *Quelle est la deuxième grande division de l'Ancien Testament ?*

Les livres historiques.

2. *Quel est le contenu de ces livres ?*

L'histoire du peuple d'Israël depuis la mort de Moïse jusqu'au retour de la captivité de Babylone, ce qui représente environ un millier d'années, du 15ème au 5ème siècle avant J.-C.

3. *Quels sont les livres historiques ?*

Josué, Juges, Ruth, 1 et 2 Samuel, 1 et 2 Rois, 1 et 2 Chroniques, Esdras, Néhémie, Esther.

4. *Quel est l'intérêt de ces livres ?*

En voyant l'attitude des Israélites en face de Dieu, nous pouvons constater combien l'homme est pécheur. Ces livres nous montrent la fidélité de Dieu qui pardonne, châtie et relève.

JOSUÉ

1. *Qui était Josué ?*

Le successeur de Moïse. C'est lui qui a conduit les armées israélites pour conquérir la terre promise (Josué 1.1-2).

2. *Comment le livre de Josué nous fait-il connaître Jésus-Christ ?*

Le nom de Josué et celui de Jésus sont identiques : ils signifient " Sauveur ". Comme Josué a conduit les Israélites dans la terre promise, Jésus nous conduit à la vie éternelle.

JUGES

1. *Qui étaient les juges ?*

De vaillants hommes suscités par Dieu pour délivrer le peuple d'Israël quand celui-ci était opprimé par ses ennemis (Juges 2.16).

2. *Pourquoi les juges étaient-ils nécessaires ?*

Parce que le peuple d'Israël se laissait toujours à nouveau aller au péché, et que Dieu le punissait en le livrant à ses oppresseurs. Quand le peuple se repentait, Dieu suscitait un juge (Juges 2.17-19).

3. *Quels ont été les principaux juges ?*

Débora (Juges 4.4-5), Gédéon (Juges 6.11-16), Jephté (Juges 11.9-11), Samson (Juges 13.1-5 ; 13.24-25).

RUTH

1. *Qui était Ruth ?*

Une païenne (Ruth 1.4) qui, par amour pour sa belle-mère, est venue au pays d'Israël, a cru en Dieu (Ruth 1.16), et est devenue l'ancêtre de David et de Jésus-Christ (Ruth 4.13.22).

1 et 2 SAMUEL

1. *Qui était Samuel ?*

Le dernier juge d'Israël ; il a commencé tout jeune à entendre la voix de Dieu (1 Samuel 3.1-10).

2. *Comment Samuel a-t-il terminé son activité ?*

En consacrant pour roi Saül et ensuite David (1 Samuel 10.1 ; 16.1 ; 16.11-13).

3. *Que contient le premier livre de Samuel ?*

L'histoire de Samuel, de Saül et de David.

4. *Qu'a fait Saül à la fin de son règne ?*

Il a poursuivi David qui ne lui faisait aucun mal (1 Samuel 18.29).

5. *Que contient le second livre de Samuel ?*

L'histoire du règne de David (2 Samuel 2.4).

6. *Qu'est-ce qui est prédit sur Jésus-Christ dans les livres de Samuel ?*

Qu'il serait à la fois le fils de David et le fils de Dieu (2 Samuel 7.14 ; Actes 2.29-32).

1 et 2 ROIS

1. *Que contiennent les livres des Rois ?*

L'histoire de Salomon et des autres rois jusqu'à la déportation.

2. *Qui a succédé à David ?*

Son fils Salomon (1 Rois 1.32-40).

3. *Par quoi Salomon est-il surtout connu ?*

Par sa sagesse et sa richesse (1 Rois 10.23-24), et par la construction du Temple (1 Rois 6.1).

4. *Que s'est-il passé après la mort de Salomon ?*

Le royaume a été divisé ; au Nord, le royaume

d'Israël, avec dix tribus et le roi Jéroboam (1 Rois 12.20). Au Sud, le royaume de Juda, avec deux tribus et le roi Roboam, fils de Salomon (1 Rois 12.21-24).

5. *Comment les rois d'Israël se sont-ils conduits ?*

Mal. Ils ont adoré Dieu sous la forme indigne du veau d'or, et certains ont même adoré les faux dieux Baal et Astarté (2 Rois 17.22).

6. *Combien de temps le royaume d'Israël a-t-il subsisté ?*

Un peu plus de 200 ans, jusqu'à la destruction de Samarie par les Assyriens en 721 avant J.-C. (2 Rois 17.6).

7. *Comment les rois de Juda se sont-ils conduits ?*

Les uns bien (2 Rois 22.1-2), les autres mal (2 Rois 21.1-3).

8. *Combien de temps le royaume de Juda a-t-il subsisté ?*

Environ 350 ans, jusqu'à la destruction de Jérusalem par Nébucadnetsar, roi de

Babylone, en 587 avant J.-C. (2 Rois 25.8-11).

9. *Dieu a-t-il abandonné les Israélites à leurs péchés ?*

Non, il leur a envoyé des prophètes pour les avertir, en particulier Élie et Élisée, mais le peuple ne les a pas écoutés (2 Rois 17.13-14).

1 et 2 CHRONIQUES

1. *Que contient le premier livre des Chroniques ?*

Les généalogies des anciennes familles (1 Chroniques 1 à 10) et l'histoire du règne de David (1 Chroniques 11.1-3).

2. *Que contient le deuxième livre des Chroniques ?*

L'histoire de Salomon (2 Chroniques 1.1) et des rois de Juda jusqu'à la déportation à Babylone (2 Chroniques 36.19-20).

3. *Quel intérêt ont les livres des Chroniques, puisqu'ils racontent les évènements déjà racontés dans les livres de Samuel et des Rois ?*

Dans les livres des Chroniques, nous avons surtout l'histoire du Temple de Jérusalem et du culte qui y était célébré (1 Chroniques 22.1 ; 2 Chroniques 8.1).

ESDRAS

1. *Qui était Esdras ?*

C'était un sacrificateur attaché à la loi de Dieu, et qui est revenu de Babylone pour instruire le peuple (Esdras 7.6).

2. *Que contient le livre d'Esdras ?*

L'histoire du retour des Israélites en Palestine après la déportation à Babylone ; la reconstruction du Temple (Esdras 1.1-5).

3. *Quelles ont été les étapes de ce retour ?*

D'abord, en 538, un grand nombre d'Israélites est rentré sous la conduite de Zorobabel (Esdras 2.1-2 ; 2.64-65) ; ensuite, vers l'année 450, d'autres sont rentrés avec Esdras (Esdras 7.6-7).

NÉHÉMIE

1. *Qui était Néhémie ?*

Un contemporain d'Esdras, échanson du roi de Perse, qui fut envoyé comme gouverneur en Palestine et qui reconstruisit les murs de Jérusalem (Néhémie 2.1 ; 2.5).

ESTHER

1. *Qui était Esther ?*

Une Juive qui devint reine de Perse (Esther 2.17) et qui empêcha ainsi le massacre des Juifs par Haman (Esther 7.3).

2. *Pourquoi était-il impossible que le plan de massacre comploté par Haman se réalise ?*

A cause de la promesse de Dieu que Jésus sortirait du sein du peuple d'Israël (Nombres 24.17).

LES LIVRES POÉTIQUES

1. *Quelle est la troisième grande division de l'Ancien Testament ?*

Les livres poétiques.

2. *Quels sont les livres poétiques ?*

Job, les Psaumes, les Proverbes, l'Ecclésiaste, le Cantique des Cantiques.

3. *Quelle est la nature de la poésie hébraïque ?*

On répète une même pensée de deux façons différentes, ou l'on exprime une pensée et son contraire.

JOB

1. *Qui était Job ?*

Un homme juste qui a beaucoup souffert, mais qui est resté ferme dans sa confiance en Dieu (Job 1.1 ; 1.20-22).

2. *Pourquoi Job a-t-il souffert ?*

Parce que Satan l'accusait de servir Dieu uniquement à cause de sa prospérité, et parce que Dieu a permis à Satan de le frapper (Job 1.8-12).

3. *Quelle attitude les amis de Job ont-ils eue en face de son malheur ?*

Ils ont accusé Job d'avoir mérité ses souffrances par ses péchés (Job 22.4-11).

4. *Comment Job a-t-il été consolé ?*

Dieu lui a révélé sa sagesse et sa puissance (Job 42.1-6).

5. *Comment Job a-t-il attendu Jésus-Christ ?*

Comme son Rédempteur qui le ressuscitera (Job 19.25-26).

PSAUMES

1. *Que sont les Psaumes ?*

Un recueil de cantiques.

2. *Qui a composé la plupart des Psaumes ?*

David.

3. *Quels sont les sentiments qui s'expriment dans les Psaumes ?*

La confiance (Psaumes 23).

L'humiliation (Psaumes 51).

L'imprécation (Psaumes 69).

La reconnaissance (Psaumes 103).

L'amour pour la Parole de Dieu (Psaumes 119.1-24).

L'attente de l'intervention de Dieu (Psaumes 130).

4. *Quel est le témoignage que le livre des Psaumes rend à Jésus-Christ ?*

Beaucoup de Psaumes parlent des souffrances de Jésus (Psaumes 22).

Quelques-uns parlent de sa résurrection et de sa gloire (Psaumes 16, Psaumes 110).

Plusieurs parlent du salut pour toutes les nations (Psaumes 117).

PROVERBES

1. *Qui a composé le livre des Proverbes ?*

Salomon (1 Rois 4.30-34).

2. *Que sont les Proverbes ?*

De petites phrases qui expriment des règles pour notre conduite.

3. *Quelles vertus sont recommandées dans les Proverbes ?*

Les vertus qui sont recommandées :
- l'obéissance aux parents (Proverbes 4.1 ; 6.20) ;
- la douceur (Proverbes 15.1 ; 15.4) ;
- la vérité (Proverbes 12.17 ; 12.19 ; 12.22) ;
- la générosité (Proverbes 11.24 ; 22.9) ;
- l'activité (Proverbes 12.27) ;
- l'humilité (Proverbes 22.4) ;
- l'intégrité (Proverbes 10.9) ;
- la bonté et la fidélité (Proverbes 3.3) ;
- la sagesse (Proverbes 8.11 ; 16.16 ; 16.22) ;
- la patience (Proverbes 14.29) ;
- la maîtrise de ses paroles (Proverbes 21.23).

4. *Contre quels dangers le livre des Proverbes nous met-il en garde ?*

Les dangers contre lesquels nous sommes mis en garde :
- les mauvais comportements (Proverbes 2.10-15) ;
- la paresse (Proverbes 6.10-11 ; 21.25) ;
- la cupidité (Proverbes 1.19) ;
- la fausseté (Proverbes 4.24 ; 6.12) ;
- l'esprit moqueur (Proverbes 14.6 ; 15.12) ;
- le mépris (Proverbes 14.21) ;
- la colère (Proverbes 16.32 ; 22.24-25) ;

- l'orgueil (Proverbes 16.5 ; 16.18 ; 21.4) ;
- l'impureté.

5. *Comment peut-on résumer le livre des Proverbes ?*

« La crainte de l'Éternel est le commencement de la sagesse » (Proverbes 9.10).

ECCLÉSIASTE

1. *Qui a composé l'Ecclésiaste ?*

Salomon.

2. *Que signifie le mot Ecclésiaste ?*

Celui qui convoque une assemblée.

3. *Quel est le sujet du livre de l'Ecclésiaste ?*

La vanité de la vie terrestre (Ecclésiaste 1.2 ; 1.14).

4. *Quelle est la conclusion que nous devons tirer de ce livre ?*

C'est que nous avons besoin d'un sauveur (Ecclésiaste 12.15-16).

CANTIQUE des CANTIQUES

1. *Qui a composé le Cantique des Cantiques ?*

Salomon (Cantique des Cantiques 1.1).

2. *Pourquoi appelle-t-on ce livre Cantique des Cantiques ?*

Parce que c'est le plus beau des Cantiques.

3. *Quel est le sujet du Cantique des Cantiques ?*

L'amour de Salomon et d'une jeune fille Sulamithe (Cantique des Cantiques 2.2-3).

4. *De quoi cet amour est-il l'image ?*

De l'amour de Jésus et de l'Église (Éphésiens 5.25).

LES LIVRES PROPHÉTIQUES

1. *Qu'est-ce qu'un prophète ?*

C'est quelqu'un qui parle au nom de Dieu.

2. *Quels sont les livres prophétiques ?*

Ésaïe, Jérémie, Lamentations de Jérémie,

Ézéchiel, Daniel, Osée, Joël, Amos, Abdias, Jonas, Michée, Nahum, Habakuk, Sophonie, Aggée, Zacharie, Malachie.

ÉSAÏE

1. *Qui était Ésaïe ?*

Un prophète du 8ème siècle avant J.-C. qui a exercé son activité à Jérusalem (2 Chroniques 26.22 ; 32.20 ; 32.32).

2. *Par quoi le message d'Ésaïe se distingue-t-il ?*

Par son insistance sur la sainteté de Dieu (Ésaïe 6.1-7) et sur sa miséricorde qui pardonne (Ésaïe 1.16-20).

3. *Quel événement Ésaïe annonce-t-il dans la deuxième partie de son livre ?*

Le retour de l'exil après la déportation à Babylone (Ésaïe 48.20-21).

4. *Pourquoi le livre d'Ésaïe nous intéresse-t-il particulièrement ?*

Parce que la venue de Jésus y est annoncée plus clairement que dans n'importe quel autre livre de l'Ancien Testament (Ésaïe 7 ; 9 ; 11 ; 42 ; 53 ; 61).

5. *Quels événements de la vie de Jésus ont été annoncés par Ésaïe ?*

Sa naissance d'une vierge (Ésaïe 7.14), sa divinité (Ésaïe 9.5), son précurseur (Ésaïe 40.3), son ministère de douceur et d'humilité (Ésaïe 42.1-3) et surtout, au chapitre 53, sa mort et sa résurrection, source de salut pour nous tous.

JÉRÉMIE

1. *Qui était Jérémie ?*

Un prophète qui a exercé son ministère à Jérusalem au 7ème et au 6ème siècle avant J.-C. (Jérémie 1.1-3).

2. *Qu'est-ce qui distingue Jérémie ?*

Les souffrances qu'il a subies à cause de sa fidélité à Dieu (Jérémie 20.7-18).

3. *Qu'est-ce que Jérémie a annoncé aux habitants de Jérusalem ?*

Les 70 ans de la captivité à Babylone (Jérémie 25.8-14 ; 2 Chroniques 36.21).

4. *Par quoi le livre de Jérémie nous intéresse-t-il particulièrement ?*

Par l'annonce de la nouvelle alliance qui nous a été donnée en Jésus (Jérémie 31.31-34).

LAMENTATIONS de JÉRÉMIE

1. *Qu'est-ce que le livre des Lamentations de Jérémie ?*

Une collection de poèmes composés à l'occasion de la destruction de Jérusalem.

2. *Les lamentations ne laissent-elles à Jérémie aucun espoir ?*

Si, car il comptait sur la bonté de Dieu (Lamentations de Jérémie 3.19-27).

ÉZÉCHIEL

1. *Qui était Ézéchiel ?*

Un prophète qui a exercé son ministère au 6ème siècle avant J.-C. parmi les déportés à Babylone (Ézéchiel 1.1).

2. *Qu'est-ce qui distingue le message d'Ézéchiel ?*

La sévérité des jugements de Dieu (Ézéchiel 3.4-19).

3. *Quelle promesse trouvons-nous dans Ézéchiel pour le temps présent ?*

La promesse de la nouvelle naissance (Ézéchiel 36.26-27).

4. *Quelle promesse trouvons-nous dans Ézéchiel pour l'avenir ?*

La promesse du rétablissement d'Israël (Ézéchiel 37.21-23).

DANIEL

1. *Qui était Daniel ?*

Un prophète qui a exercé son ministère un peu plus tard qu'Ézéchiel, au 6ème siècle avant J.-C., à la cour des rois païens de Babylone (Daniel 1.1-6).

2. *Quelle était l'attitude de Daniel à la cour de ces rois ?*

Une attitude de fidélité et de témoignage rendu à Dieu (Daniel 1.8 ; 1.21).

3. *Quelle prophétie de Daniel nous intéresse particulièrement ?*

Celle dans laquelle il annonce le triomphe final de Jésus-Christ (Daniel 7.13-14).

LES PETITS PROPHÈTES

1. *Qui étaient les petits prophètes ?*

Osée, Joël, Amos, Abdias, Jonas, Michée, Nahum, Habakuk, Sophonie, Aggée, Zacharie, Malachie.

2. *Leur message est-il moins important que celui des autres prophètes, pour qu'on les ait appelés petits ?*

Non, mais leurs livres sont beaucoup plus courts.

OSÉE

1. *Qui était Osée ?*

Un prophète du royaume d'Israël (au Nord) qui a exercé son ministère au 8ème siècle avant J.-C. (Osée 1.1).

2. *Quel était le message d'Osée ?*

Celui de l'amour de Dieu pour son peuple coupable (Osée 14.1-4).

JOËL

1. *Quelle promesse importante se trouve dans Joël ?*

La venue du Saint-Esprit à la Pentecôte (Joël 2 .28-32).

AMOS

1. *Qui était Amos ?*

Un berger du royaume de Juda qui a exercé son ministère dans le royaume d'Israël, au 8ème siècle avant J.-C. (Amos 1.1).

2. *Quel était le message d'Amos ?*

Amos a dénoncé le péché de ceux qui opprimaient les pauvres (Amos 5.12).

ABDIAS

1. *Qu'est-ce qu'Abdias a annoncé ?*

La ruine d'Edom et la restauration de la maison de Jacob.

JONAS

1. *Qui était Jonas ?*

Un prophète chargé par Dieu de prêcher la repentance à Ninive, qui avait refusé d'obéir et qui, à cause de cela, a été jeté à la mer, avalé par un grand poisson, et, après avoir été vomi, a fini par obéir.

2. *Que nous enseigne le livre de Jonas ?*

La miséricorde de Dieu pour tous les hommes, même les païens (Jonas 4.2 ; 4.11).

MICHÉE

1. *Quelle prophétie de Michée est la plus remarquable ?*

Celle où il annonce la naissance de Jésus à Bethléhem (Michée 5.1).

NAHUM

1. Qu'est-ce que Nahum a annoncé ?

La destruction de Ninive, annonce faite environ 150 ans après que Dieu ait épargné la ville à l'époque de Jonas.

HABAKUK

1. *Quelle parole importante se trouve dans Habakuk ?*

« Le juste vivra par sa foi » (Habakuk 2.4).

SOPHONIE

1. *Qui était Sophonie ?*

Un prophète qui a exercé son ministère à Jérusalem, au 7ème siècle avant J.-C., à l'époque du roi Josias (Sophonie 1.1).

2. *Quels évènements a-t-il annoncé ?*

Le jugement de Juda (Sophonie 1 ; 3.1-8), le jugement des nations (Sophonie 2.4-15), le rétablissement d'Israël (Sophonie 3.9-20).

AGGÉE - ZACHARIE

1. *A quelle tâche se sont employés Aggée et Zacharie ?*

A stimuler le peuple pour la reconstruction du Temple après le retour de l'exil (Aggée 2.1 ; 2.9 ; Zacharie 4.8-10).

2. *Qu'est-ce que Zacharie a annoncé en ce qui concerne la première venue de Jésus ?*

Son entrée à Jérusalem (Zacharie 9.9), les trente pièces d'argent payées à Judas (Zacharie 11.12-13), la mort de Jésus et la dispersion des apôtres (Zacharie 13.7).

3. *Qu'est-ce que Zacharie a annoncé sur la deuxième venue du Christ ?*

La repentance et la conversion d'Israël (Zacharie 12.10), sa venue sur le mont des Oliviers (Zacharie 14.3-4).

MALACHIE

1. *Quand Malachie a-t-il exercé son ministère ?*

Probablement vers 400 ans avant J.-C. C'est le dernier prophète de l'Ancien Testament.

2. *Quelle prophétie de Malachie est importante ?*

Malachie a annoncé la venue de Jean-Baptiste et celle de Jésus (Malachie 3.1).

CHRONOLOGIE

2000 à 500 avant Jésus-Christ

2000	Abraham	Genèse
1500	Moïse	Exode, Lévitique Nombres, Deutéronome Josué, Juges, Ruth
1000	David	Samuel 1 Chroniques
	Salomon	Rois, 2 Chroniques
722	Fin d'Israël	
585	Fin de Juda	
500	Retour de l'exil	Esther, Néhémie, Esdras

LA BIBLE :
NOUVEAU TESTAMENT

LE NOUVEAU TESTAMENT

1. *Que veut dire l'expression Nouveau Testament ?*

Nouvelle alliance.

2. *Qui a conclu la nouvelle alliance ?*

Jésus-Christ (Luc 22.20).

3. *Avec qui ?*

Avec tous ceux qui se repentent et qui croient au salut qu'il nous a acquis sur la croix (Jean 1.12).

4. *Quelles sont les grandes divisions du Nouveau Testament ?*

Les Évangiles, les Actes des apôtres, les Épîtres, l'Apocalypse.

LES ÉVANGILES

1. *Que veut dire le mot Évangile ?*

Bonne nouvelle.

2. *En quoi consiste l'Évangile ?*

C'est la bonne nouvelle du salut par la mort et la résurrection de Jésus (Romains 1.16-17).

3. *Que sont les livres appelés Évangiles ?*

Ce sont les ouvrages racontant la vie de Jésus et annonçant la bonne nouvelle du salut (Marc 1.1).

4. *Quels sont les quatre Évangiles ?*

Matthieu, Marc, Luc, Jean.

MATTHIEU

1. *Qui était Matthieu ?*

Un péager devenu apôtre de Jésus (Matthieu 9.9).

2. *Comment Matthieu présente-t-il Jésus ?*

Comme le fils de David, le roi d'Israël promis par les prophéties (Matthieu 1.1 ; 2.1-2 ; 27.11 ; 27.37).

3. *Quels sont les principaux discours de Jésus rapportés par Matthieu ?*

Le sermon sur la montagne (Matthieu 5 ; 6 ; 7).

Le discours d'envoi des disciples (Matthieu 10).

Les paraboles du royaume (Matthieu 13).

Le discours sur l'humilité et le pardon (Matthieu 18).

La parabole qui présente les conditions pour entrer dans le royaume des cieux (Matthieu 22.1-14).

Les reproches faits aux Pharisiens (Matthieu 23.1-36).

Le discours sur la ruine de Jérusalem et la fin du monde (Matthieu 24).

MARC

1. *Qui était Marc ?*

Un chrétien de Jérusalem (Actes 12.12),

cousin de Barnabas (Colossiens 4.10), compagnon de travail de Paul (Actes 12.25 ; 13.5 ; 13.13), dont Paul a jugé bon de se séparer pendant un certain temps (Actes 15.36-39), mais dont il a reconnu l'utilité plus tard (2 Timothée 4.11), un proche de Pierre (1 Pierre 5.13).

2. *Comment Marc a-t-il composé son Évangile ?*

Probablement d'après les discours de l'apôtre Pierre.

3. *Qu'est-ce qui caractérise l'Évangile de Marc ?*

Il parle des œuvres de Jésus plus que de ses discours.

LUC

1. *Qui était Luc ?*

Un médecin, compagnon de l'apôtre Paul (Colossiens 4.14 ; 2 Timothée 4.11).

2. *Comment Luc a-t-il composé son Évangile ?*

En consultant les témoins oculaires et en faisant des recherches exactes (Luc 1.1-4).

3. *Comment Luc présente-t-il Jésus-Christ ?*

Comme le Sauveur de tous les hommes (Luc 2.29-32).

4. *Citez trois cas où Jésus accorde le salut à de grands pécheurs.*

La femme pécheresse (Luc 7.36-50).

Zachée (Luc 19.1-10).

Le brigand sur la croix (Luc 23.39-43).

5. *Citez cinq paraboles qui parlent de miséricorde et de pardon.*

Le bon Samaritain (Luc 10.25-37).

La brebis perdue (Luc 15.3-7).

La drachme perdue (Luc 15.8-10).

L'enfant prodigue (Luc 15.11-32).

Le publicain et le pharisien (Luc 18.9-14).

JEAN

1. *Qui était Jean ?*

Le disciple que Jésus aimait spécialement (Jean 21.20).

2. *Pourquoi a-t-il écrit son Évangile ?*

Pour que nous croyions que Jésus est le Christ, le Fils de Dieu, et qu'en croyant nous ayons la vie en son nom (Jean 20.31).

3. *Quels sont les principaux récits de l'Évangile de Jean ?*

Les entretiens avec Nicodème (Jean 3).

La Samaritaine (Jean 4).

La guérison de l'aveugle-né (Jean 9).

La résurrection de Lazare (Jean 11).

4. *Quels sont les principaux discours de Jésus contenus dans l'Évangile de Jean ?*

Les discours :

- sur le pain de vie (Jean 6) ;

- sur le bon berger (Jean 10) ;

- et surtout les entretiens de Jésus avec ses disciples la veille de sa mort (Jean 13 ; 14 ; 15 ; 16 ; 17).

1. *Qui a écrit ce livre ?*

Le médecin Luc (Actes 1.1-2).

2. *Que contient le livre des Actes ?*

Les œuvres que Jésus a faites par la main des apôtres.

3. *Comment les apôtres ont-ils pu être les instruments de Jésus ?*

Par le Saint-Esprit (Actes 1.8 ; 2.1-4).

4. *Sur quels apôtres avons-nous le plus de détails ?*

Sur Pierre et surtout sur Paul et ses voyages missionnaires.

5. *Comment Luc a-t-il eu connaissance des faits qu'il raconte ?*

Certains faits lui auront été racontés par Paul ou par d'autres. Il a lui-même assisté à un grand nombre d'évènements qu'il raconte (Actes 16.8 ; 16.13 ; 20.4 ; 20.6 ; 27.1 ; 28.16).

LES ÉPÎTRES DE PAUL

1. *Que sont les épîtres ?*

Des lettres écrites par les apôtres aux chrétiens.

2. *Quel apôtre a écrit le plus grand nombre d'épîtres ?*

L'apôtre Paul.

3. *Quelles sont les épîtres de Paul ?*

Romains, 1 et 2 Corinthiens, Galates, Éphésiens, Philippiens, Colossiens, 1 et 2 Thessaloniciens, 1 et 2 Timothée, Tite, Philémon.

ROMAINS

1. *Pourquoi Paul a-t-il écrit aux Romains ?*

Pour raviver leur souvenir et pour les affermir dans la connaissance de l'Évangile (Romains 15.14-16).

2. *Paul était-il déjà allé à Rome à ce moment-là ?*

Non, il y a été amené plus tard, comme prisonnier.

3. *Quel est le sujet de l'épître aux Romains ?*

L'Évangile (c'est-à-dire la Bonne Nouvelle) du salut par la foi en Jésus-Christ (Romains 1.16-17).

4. *Comment Paul présente-t-il ce message ?*

Il montre que tous les hommes sont pécheurs (Romains 1.18 ; 3.20).

Il montre que nous sommes justifiés quand nous croyons en Jésus-Christ (Romains 3.21-22).

Il montre qu'en étant unis à Jésus, mort et ressuscité, nous pouvons être délivrés de la puissance du péché (Romains 6.8).

Il montre comment le salut est offert aux Juifs et aux païens (Romains 3.29-30).

Il montre comment le salut se manifeste dans la vie pratique (Romains 12.9-21).

1 et 2 CORINTHIENS

1. *Quand Paul a-t-il fondé l'Église de Corinthe ?*

Lors de son deuxième voyage missionnaire. Il est resté un an et demi dans cette ville.

2. *Pourquoi Paul a-t-il écrit la première épître aux Corinthiens ?*

Parce que Paul avait appris qu'il y avait des divisions dans l'Église de Corinthe (1 Corinthiens 1.11).

Parce que les Corinthiens avaient posé à Paul diverses questions par écrit (1 Corinthiens 7.1).

3. *Comment Paul cherche-t-il à obvier (remédier) aux divisions des Corinthiens ?*

En montrant que Jésus crucifié est le seul Sauveur (1 Corinthiens 1.17-18 ; 2.2).

4. *Quelles étaient les questions posées par les Corinthiens ?*

Celles relatives au mariage (1 Corinthiens 7), aux viandes sacrifiées aux idoles, à la Sainte-Cène (1 Corinthiens 11), aux dons spirituels (1 Corinthiens 12 ; 14), à la résurrection des corps (1 Corinthiens 15).

5. *Quel chapitre de la première épître aux Corinthiens est spécialement intéressant ?*

Le chapitre 13 où Paul parle de l'amour.

6. *Pourquoi Paul a-t-il écrit la deuxième épître aux Corinthiens ?*

Parce que les Corinthiens, après avoir pendant un temps rejeté l'enseignement de Paul, s'étaient repentis. Paul leur écrit pour leur montrer sa joie, et aussi pour défendre son ministère (2 Corinthiens 7.16-19).

7. *Quel sujet Paul aborde-t-il encore dans la deuxième épître aux Corinthiens ?*

La collecte pour les pauvres de l'Église de Jérusalem (2 Corinthiens 8 ; 2 Corinthiens 9).

GALATES

1. *Qui étaient les Galates ?*

Des gens qui vivaient au centre de l'Asie mineure.

2. *Qui avait fondé l'Église de Galatie ?*

Paul, probablement lors de son deuxième voyage missionnaire (Actes 16).

3. *Pourquoi Paul écrit-il aux Galates ?*

Parce que de faux docteurs étaient venus et voulaient obliger les chrétiens à observer la loi (Galates 1.6 ; 1.9 ; 5.1 ; 5.6).

4. *Sur quoi Paul insiste-t-il dans l'épître aux Galates ?*

Sur le salut par la foi en Christ, sans les œuvres de la loi (Galates 2.16 ; 2.21).

5. *Cela doit-il nous encourager à pécher ?*

Non, car l'Esprit de Dieu nous pousse à faire le bien (Galates 5.13 ; 5.25).

ÉPHÉSIENS

1. *Comment l'Église d'Éphèse a-t-elle été fondée ?*

Par Paul, qui est resté trois ans dans cette ville au cours de son troisième voyage missionnaire (Actes 20.17-21 ; 20.31).

2. *Quel message contient l'épître aux Éphésiens ?*

Celui des richesses de Christ et de la nécessité de marcher d'une manière digne de notre vocation (Éphésiens 3.8 à 4.1).

PHILIPPIENS

1. *Où se trouve la ville de Philippes ?*

En Macédoine.

2. *Comment l'Église de Philippes a-t-elle été fondée ?*

Par Paul lors de son deuxième voyage missionnaire ; c'est la première ville d'Europe où il a prêché l'Évangile (Actes 16.9 ; 16.15).

3. *Pourquoi Paul a-t-il écrit aux Philippiens ?*

Pour les remercier d'un envoi d'argent (Philippiens 4.10 ; 4.14).

4. *Quel est le message central de l'épître aux Philippiens ?*

Celui de la joie chrétienne (Philippiens 4.4).

COLOSSIENS

1. *Où se trouve Colosses ?*

C'est une petite ville d'Asie mineure.

2. *Comment l'Église de Colosses a-t-elle été fondée ?*

Paul n'y était jamais allé, mais elle avait été fondée par Épaphras (Colossiens 1.7-8).

3. *Pourquoi Paul écrit-il aux Colossiens ?*

Pour que les Colossiens ne se laissent pas séduire par la philosophie ou par des traditions, mais qu'ils restent attachés à Christ (Colossiens 2.4 ; 2.8-9).

1 et 2 THESSALONICIENS

1. *Où se trouve Thessalonique ?*

En Macédoine (Grèce).

2. *Comment l'Église de Thessalonique a-t-elle été fondée ?*

Par Paul au cours de son deuxième voyage missionnaire (Actes 17.1 ; 17.10).

3. *Quel est le message de la première épître aux Thessaloniciens ?*

La nécessité de la vie sainte (1 Thessaloniciens 4.3-7) et l'annonce du retour de Jésus-Christ (1 Thessaloniciens 4.13-18).

4. *Pourquoi Paul a-t-il écrit la deuxième épître aux Thessaloniciens ?*

Parce que certains croyaient que le jour du Seigneur était déjà arrivé et en étaient troublés (2 Thessaloniciens 2.1-2).

5. *Quelle précision Paul donne-t-il à ses lecteurs ?*

Il leur dit que l'antichrist doit venir d'abord (2 Thessaloniciens 2.3-8).

1 et 2 TIMOTHÉE

1. *Qui était Timothée ?*

Un chrétien qui avait été amené à la foi par Paul (1 Timothée 1.2) et l'avait accompagné dans plusieurs voyages.

2. *Quel était le but de Paul quand il a écrit la première épître à Timothée ?*

Que Timothée sache quelles mesures il devait prendre pour bien administrer les Églises d'Asie mineure dont il devait s'occuper (1 Timothée 1.3 ; 3.14-15).

3. *Quel était le but de Paul en écrivant la deuxième épître à Timothée ?*

Paul veut encourager Timothée dans son activité, et demande à Timothée de venir auprès de lui, parce qu'il sent que bientôt il va être mis à mort (2 Timothée 1.6-8 ; 4.6 ; 4.13).

TITE

1. *Qui était Tite ?*

Un disciple de Paul qui l'avait accompagné dans divers voyages.

2. *Pourquoi Paul lui écrit-il ?*

Pour lui donner des instructions pour son travail en Crète (Tite 1.5).

PHILÉMON

1. *Qui était Philémon ?*

Un compagnon d'œuvre de Paul (Philémon 1), que Paul avait amené à la foi.

2. *Pourquoi Paul lui écrit-il ?*

Pour lui recommander l'esclave Onésime qui s'était enfui, mais qui s'était converti par le ministère de Paul (Philémon 10-12).

LES AUTRES ÉPÎTRES

HÉBREUX

1. *Qui a écrit l'épître aux Hébreux ?*

Nous ne le savons pas, mais c'était un chrétien faisant partie de l'entourage de Paul.

2. *Qui étaient les Hébreux auxquels cette épître est destinée ?*

Des chrétiens d'origine juive qui étaient en danger de manquer de persévérance (Hébreux 10.32 ; 10.36).

3. *Comment cet auteur présente-t-il Jésus-Christ ?*

Comme le Fils de Dieu, supérieur aux anges, à Moïse, à Josué, et surtout comme le sacrificateur parfait, qui nous sauve parfaitement (Hébreux 1.1 ; 1.4 ; 3.1 ; 3.6 ; 7.25 ; 7.27).

4. *Quel chapitre est le plus connu de l'épître aux Hébreux ?*

Le chapitre 11, qui nous montre les hommes de foi de l'Ancien Testament.

JACQUES

1. *Qui était Jacques, l'auteur de l'épître ?*

Probablement le frère du Seigneur, évêque de Jérusalem (Galates 1.18-19 ; 2.9).

2. *A qui a-t-il adressé son épître ?*

Aux chrétiens d'origine juive, dispersés dans le monde (Jacques 1.1 ; 2.1).

3. *Qu'est-ce qui distingue l'épître de Jacques ?*

Son caractère pratique (Jacques 2.15-16).

4. *Quels sujets aborde-t-il ?*

La nécessité des bonnes œuvres comme conséquence de la foi (Jacques 2.14 ; 2.26), les péchés de la langue (Jacques 3.1-12), les péchés d'omission (Jacques 4.17), la prière efficace (Jacques 5.13 ; 5.16).

1 et 2 PIERRE

1. *Combiens d'épîtres ont été écrites par Pierre ?*

Deux.

2. *A qui a-t-il adressé ses épîtres ?*

Aux chrétiens dispersés d'Asie mineure (1 Pierre 1.1).

3. *Quelle exhortation adresse-t-il à ses lecteurs dans sa première épître ?*

Il les exhorte à souffrir avec patience, à cause de leur foi, parce que Jésus a lui-même souffert pour eux (1 Pierre 2.18 ; 2.25 ; 3.13 ; 3.18 ; 4.1-2 ; 4.12 ; 4.16 ; 5.10).

4. *Qui, aux yeux de l'apôtre Pierre, est la pierre principale de l'Église ?*

Jésus-Christ (1 Pierre 2.4-6).

5. *Quelle exhortation Pierre adresse-t-il à ses lecteurs dans sa deuxième épître ?*

Il les exhorte à attendre patiemment et à hâter la venue de Jésus (2 Pierre 3.1 ; 3.13).

1, 2 et 3 JEAN

1. *Combien d'épîtres ont été écrites par Jean ?*

Trois.

2. *Quand a-t-il écrit ses épîtres ?*

A la fin de sa vie, quand il était très âgé.

3. *Pourquoi a-t-il écrit sa première épître ?*

Pour que nous puissions savoir que nous avons la vie éternelle (1 Jean 5.13).

4. *Quelle exhortation Jean adresse-t-il à ses lecteurs ?*

Il les exhorte à s'aimer les uns les autres (1 Jean 4.7-8).

5. *A qui Jean a-t-il adressé sa deuxième épître ?*

A une chrétienne et à ses enfants (2 Jean 1).

6. *Que lui dit-il ?*

De marcher dans la vérité et la charité (2 Jean 5-6).

7. *A qui Jean a-t-il adressé sa troisième épître ?*

A un chrétien fidèle nommé Gaïus (3 Jean 1).

JUDE

1. *Qui était Jude, l'auteur de l'épître ?*

Sans doute un des frères de Jésus (Marc 6.3).

2. *Quelle exhortation donne-t-il dans son épître ?*

De ne pas suivre les faux docteurs, mais de rester attaché à la foi (Jude 3-4, 20-21).

APOCALYPSE

1. *Que veut dire le mot Apocalypse ?*

Révélation.

2. *Qui a écrit le livre ?*

L'apôtre Jean (Apocalypse 1.1).

3. *A qui le livre de l'Apocalypse est-il adressé ?*

A sept Églises de l'Asie mineure (Apocalypse 1.4).

4. *Que contient le livre de l'Apocalypse ?*

Une révélation des évènements à venir (Apocalypse 1.1).

5. *Quelles puissances, d'après l'Apocalypse, s'opposent à Jésus-Christ ?*

Le dragon (c'est-à-dire le diable), la bête (c'est-à-dire l'antichrist), et le faux prophète (Apocalypse 12.7 ; 12.9 ; 13.1 ; 13.6 ; 13.8 ; 19.19-20).

6. *Que contiennent les derniers chapitres de l'Apocalypse ?*

L'annonce du règne de 1000 ans (Apocalypse 20).

L'annonce du jugement dernier (Apocalypse 20).

La description des nouveaux cieux et de la nouvelle terre (Apocalypse 21).

Des exhortations (Apocalypse 22).

LES DIX COMMANDEMENTS

INTRODUCTION

1. *Quand Dieu a-t-il donné les dix commandements ?*

Dieu donna les dix commandements à Moïse, sur le Mont Sinaï (Exode 19.20), après la sortie d'Égypte et environ 1500 ans avant Jésus-Christ. La loi est donc venue fort tard, des siècles après la vocation des patriarches (même si auparavant les hommes n'ont pas été sans directives puisque le Seigneur a communiqué des ordres à Noé - Genèse 9.1-7).

2. *Qu'est-ce que les dix commandements nous révèlent ?*

Les dix commandements nous révèlent la volonté de Dieu pour notre conduite, vis-à-vis de Dieu et vis-à-vis de notre prochain (Exode 19.5-6).

3. *Comment ceux qui ignorent les dix commandements peuvent-ils connaître la volonté de Dieu ?*

Parce que la loi de Dieu est écrite dans le cœur de tous, et que leur conscience y rend témoignage (Romains 2.14-15).

4. *La loi, dans ces conditions, est-elle utile ?*

Oui, parce que notre conscience a besoin d'être éclairée par la loi de Dieu (Romains 2.18).

5. *Pouvons-nous obéir à la loi de Dieu par nous-mêmes ?*

Non, car nous sommes tous coupables devant Dieu (Romains 3.9-12).

6. *A quoi sert la loi si nous ne pouvons pas y obéir ?*

La loi nous fait connaître notre péché (Romains 3.20).

7. *Pourquoi est-il important que nous sachions que nous sommes pécheurs ?*

Pour nous inciter à rechercher la faveur imméritée de Dieu et le salut en Jésus-Christ (Luc 5.31-32 ; Galates 3.24).

8. *Dès lors que nous avons accepté le salut en Jésus-Christ, quelle est notre position à l'égard de la loi ?*

Nous sommes affranchis de la loi du péché en Jésus-Christ. Non seulement, nous sommes délivrés de la malédiction de la loi, parce que le Christ a subi la malédiction pour nous, mais nous sommes « morts à l'égard de la loi, pour appartenir à un autre », au Sauveur ressuscité (Romains 7.4-6).

9. *Notre vie doit-elle quand même être conforme à la loi ?*

Oui. L'Esprit de Dieu, qui habite désormais en nous, nous pousse à faire ce que Dieu veut (Romains 7.22 ; 7.25).

10. *Dans quel sentiment accomplissons-nous ce que la loi commande ?*

Pour plaire à Dieu, comme un enfant qui obéit à son père (Galates 4.4-7).

11. *Que penser de ceux qui disent qu'ils sont sauvés et qui ne vivent pas selon la volonté de Dieu ?*

Ils se trompent, ils sont hypocrites ou se font des illusions (Jacques 2.14-23 ; 1 Jean 2.3-4).

12. *Quel besoin avons-nous encore de la loi puisque nous n'y sommes plus soumis, et que nous pouvons faire spontanément le bien, par l'Esprit de Dieu ?*

La loi nous sert de guide pour accomplir la volonté de Dieu (Psaumes 1.1-3).

13. *De combien de parties se compose la loi ?*

La loi se compose de deux parties ou deux tables. La première partie expose nos devoirs envers Dieu (Exode 20.1-11). La seconde expose nos devoirs envers notre prochain (Exode 20.12-17).

LA PREMIÈRE TABLE

1. *A quoi se rapportent les commandements de la première table ?*

Ils se rapportent à nos devoirs envers Dieu.

LE PREMIER COMMANDEMENT

1. *Quel est le premier commandement ?*

Exode 20.3 : « Tu n'auras pas d'autres dieux devant ma face ».

2. *Que signifie ce commandement ?*

Dieu veut avoir toute la place dans notre vie, parce qu'il n'y a qu'un seul vrai Dieu, le Dieu de la Bible, l'Éternel, et parce que Dieu lui-même dit qu'il est un « Dieu jaloux » (Esaïe 45.21-22 ; Jean 17.3).

3. *Comment Dieu était-il le Dieu des Israélites ?*

Parce que c'est lui qui a choisi le peuple d'Israël (Psaumes 147.19-20) et qu'il a accompli toutes les promesses faites à Abraham, Isaac et Jacob (devenu Israël). Il a accordé des délivrances au peuple d'Israël en le faisant sortir de l'Égypte.

4. *Comment Dieu est-il notre Dieu ?*

Par Jésus-Christ, il est notre Rédempteur, et il est le Créateur de l'univers (Colossiens 1.12-20).

5. *La foi en la Trinité est-elle contraire au premier commandement ?*

Non, puisque la Trinité nous révèle un Dieu unique en trois Personnes :

- Dieu le Père, le Créateur ;
- Dieu le Fils, celui qui nous rachète, nous sauve ;
- Dieu le Saint-Esprit, le Consolateur, celui qui nous conduit.

6. *Comment pouvons-nous risquer d'adorer d'autres dieux que le vrai Dieu ?*

En accordant trop d'importance aux idoles nommées argent, ventre, recherche effrénée du plaisir, débauche, volonté de pouvoir (Jean 8.44 ; Philippiens 3.19 ; Colossiens 3.5).

7. *Avons-nous le droit de nous livrer à des pratiques occultes ?*

Non (Deutéronome 18.9-14).

8. *Avons-nous le droit de nous prosterner devant une autre personne que Dieu ?*

Non (Exode 32.1-10 ; 34.14 ; Deutéronome 5.7-9 ; Apocalypse 19.10).

LE SECOND COMMANDEMENT

1. *Quel est le second commandement ?*

Exode 20.4 : « Tu ne te feras point d'image taillée, ni de représentation quelconque des choses qui sont en haut dans les cieux, qui sont en bas sur la terre, et qui sont dans les eaux plus bas que la terre ».

2. *Dieu, par ce commandement, interdit-il toute peinture et toute sculpture ?*

Non (Exode 25), mais ce qu'il nous interdit, c'est d'en faire un culte, de leur vouer une adoration, par exemple à une statue ou à une image (Exode 32).

3. *De qui ne devons-nous pas nous faire d'image ?*

De Dieu, parce qu'il est Esprit et qu'aucune image ne correspond à la réalité (Jean 4.24).

4. *Quelle image Dieu nous a-t-il donné de lui-même ?*

Celle de Jésus-Christ puisque Jésus-Christ est Dieu fait homme (Jean 1.18 ; Colossiens 1.15).

LE TROISIÈME COMMANDEMENT

1. *Quel est le troisième commandement ?*

Exode 20.7 : « Tu ne prendras point le nom de l'Éternel, ton Dieu, en vain ; car l'Éternel ne laissera point impuni celui qui prendra son nom en vain ».

2. *Quel est le nom de l'Éternel ?*

Le nom de Dieu est "JE SUIS" ("YAHVÉ" en hébreu) ; "ÉTERNEL" dans la plupart de nos Bibles (Exode 3.13-15).

3. *Comment les Israélites ont-ils observé ce commandement ?*

En ne prononçant jamais le nom de Dieu et en le remplaçant par Seigneur ou tout autre nom composé : Seigneur Éternel, Éternel des armées, Dieu Tout-Puissant.

4. *Comment risquons-nous d'employer le nom de Dieu en vain ?*

Dans des jurons, des expressions. Quand on fait des serments en son nom et qu'on ne les respecte pas.

5. *Que devons-nous faire pour ne pas employer le nom de Dieu en vain ?*

Nous devons mettre en pratique notre amour pour Dieu, en respectant son nom, en le faisant respecter et en ayant une conduite et des paroles qui l'honorent.

LE QUATRIÈME COMMANDEMENT

1. *Quel est le quatrième commandement ?*

Exode 20.8-11 : « Souviens-toi du jour du repos, pour le sanctifier. Tu travailleras six jours, et tu feras tout ton ouvrage. Mais le septième jour est le jour du repos de l'Éternel, ton Dieu : tu ne feras aucun ouvrage, ni toi, ni ton fils, ni ta fille, ni ton serviteur, ni ta servante, ni ton bétail, ni l'étranger qui est dans tes portes. Car en six jours l'Éternel a fait les cieux, la terre et la mer, et tout ce qui y est contenu, et il s'est reposé le septième jour : c'est pourquoi l'Éternel a béni le jour du repos et l'a sanctifié».

2. *Quel est le septième jour ?*

Dans la Bible, c'est le samedi. Mais dans notre calendrier, c'est le dimanche.

3. *De quoi le sabbat israélite était-il la figure ?*

Le sabbat israélite était l'ombre d'une réalité que nous avons en Jésus-Christ (Colossiens 2.16-17) et la figure du repos que nous avons quand nous n'agissons pas avec nos propres forces, mais quand nous laissons le Saint-Esprit agir en nous (Hébreux 4.9-10).

4. *Quand devons-nous vivre dans ce sabbat chrétien ?*

Tous les jours (Hébreux 3.15 à 4.11).

5. *Qu'est-ce que le dimanche ?*

C'est un jour que le chrétien doit consacrer au Seigneur, pour le louer, le glorifier, en se réunissant pour le culte, dans la communion fraternelle. Le dimanche est le jour de la résurrection de Jésus-Christ, le troisième jour après sa mort (Actes 20.7).

6. *Est-ce un péché de travailler le dimanche ?*

Non, car la loi n'est pas une servitude, mais un chrétien doit se ménager des temps de pause nécessaires pour fréquenter le culte, pour lire la Bible, pour prier, et pour cela la mise à part du dimanche est souhaitable ; il est aussi utile pour le repos de notre corps (Psaumes 19.8 ; 94.12 ; Romains 7.22).

LA DEUXIÈME TABLE

1. A quoi se rapportent les commandements de la deuxième table ?

Ils se rapportent à nos devoirs envers notre prochain.

LE CINQUIÈME COMMANDEMENT

1. *Quel est le cinquième commandement ?*

Exode 20.12 : « Honore ton père et ta mère, afin que tes jours se prolongent dans le pays que l'Éternel, ton Dieu, te donne ».

2. *Pourquoi ce commandement vient-il impérativement après les commandements de la première table ?*

Parce que nos parents nous ont engendrés. Ils viennent tout de suite après Dieu qui, lui, est notre Créateur, notre Père céleste ; nos devoirs envers nos parents sont les plus importants après nos devoirs envers Dieu.

3. *Pourquoi nos devoirs envers les parents sont-ils si importants ?*

L'enseignement des parents est important pour nous diriger dans la vie (Proverbes 1.8-9 ; 6.20-23 ; 30.17).

En obéissant à nos parents, nous apprenons aussi à obéir à Dieu et nous l'honorons (Ephésiens 6.1 ; Colossiens 3.20). Si nous obéissons à des parents imparfaits, à plus forte raison nous devrions obéir à notre Père céleste qui est parfait.

Nos parents, s'ils sont chrétiens, sont là pour nous instruire dans la Parole de Dieu (Ephésiens 6.4).

4. *Y-a-t-il un cas où nous ne devons pas obéir à nos parents ?*

Oui, si notre obéissance à nos parents est contraire à la volonté de Dieu (Matthieu 10.37 ; Actes 5.29).

5. *Qui a donné le plus bel exemple de soumission à ses parents ?*

Jésus-Christ, qui était soumis à sa mère et à son père adoptif (Luc 2.51-52).

LE SIXIÈME COMMANDEMENT

1. *Quel est le sixième commandement ?*

Exode 20.13 : « Tu ne tueras point ».

2. *Que signifie ce commandement ?*

Ce commandement interdit de tuer par plaisir, par vengeance ou pour un intérêt quelconque. Il ne faut pas assassiner. Dieu s'applique toujours à donner des commandements qui assurent à l'homme un respect de la vie humaine dans son ensemble. De plus, l'homme a été fait à l'image de Dieu : la violence manifestée dans le meurtre est donc un outrage à Dieu (Genèse 9.6).

3. *Est-ce que ce commandement interdit que l'on mette à mort un criminel ?*

Non. La peine de mort était prévue pour divers crimes (Exode 21.12-17), avec un effet dissuasif.

4. *Est-ce que ce commandement interdit que l'on soit soldat ?*

Non. Cela n'interdit pas d'être soldat. Dieu a permis qu'il y ait des "guerriers" dans le souci de protéger son peuple. Que l'on soit objecteur de conscience ou que l'on fasse son service militaire n'est pas en opposition aux principes bibliques, le tout est d'avoir bonne conscience envers Dieu. Jean-Baptiste ne condamne pas le métier des armées (Luc 3.14).

5. *Que faut-il faire, en outre, pour obéir à ce commandement ?*

Ne pas développer de sentiments de colère, de haine, de rancune (Matthieu 5.21-22 ; 1 Jean 3.15).

LE SEPTIÈME COMMANDEMENT

1. *Quel est le septième commandement ?*

Exode 20.14 : « Tu ne commettras pas d'adultère ».

2. *Qu'est-ce que l'adultère ?*

C'est entretenir des relations sexuelles avec une autre personne que son mari ou sa femme. C'est renier son engagement de fidélité dans le mariage envers son conjoint.

3. *Le divorce est-il permis ?*

La loi de Dieu n'approuve pas le divorce, elle le tolère. Le divorce n'est pas dans le plan de Dieu (Deutéronome 24.1).

Jésus confirme que la loi tolérait le divorce, mais ne l'approuvait pas (Matthieu 19.7-9).

4. *Quels sont les devoirs des époux ?*

De s'aimer, de s'accorder, de s'entraider, d'être fidèles en toutes choses, comme Dieu est fidèle envers ses enfants quelles que soient leurs faiblesses (Éphésiens 5.22 ; 5.25-28 ; 1 Pierre 3.1-7).

5. *Que faut-il faire pour observer ce septième commandement ?*

Avoir le désir de mettre en pratique ce que Dieu demande et, pour cela, adopter un état d'esprit dégagé de toute convoitise, être pur de ses actes et de ses pensées (Job 31.1 ; Matthieu 5.27-28 ; Romains 6.12).

LE HUITIÈME COMMANDEMENT

1. *Quel est le huitième commandement ?*

Exode 20.15 : « Tu ne déroberas point ».

2. *Que faut-il faire pour observer ce commandement ?*

Il faut travailler (Exode 23.12 ; 31.15 ; 34.21).

Il faut être soucieux de respecter le bien des autres pour ne pas avoir envie de dérober. Il ne faut pas envier les biens d'autrui. Dieu connaît nos besoins et il nous comble selon sa sagesse. L'acquisition de richesses terrestres ne sert pas le royaume de Dieu. Il faut se laisser dépouiller (1 Corinthiens 6.7).

LE NEUVIÈME COMMANDEMENT

1. *Quel est le neuvième commandement ?*

Exode 20.16 : « Tu ne porteras pas de faux témoignage contre ton prochain ».

2. *Est-ce uniquement devant un tribunal que nous ne devons pas porter de faux témoignage ?*

Nous ne devons pas porter de faux témoignage non seulement devant un tribunal, mais dans nos relations avec qui que ce soit. Nous devons avoir un cœur bien disposé, dégagé de toute mauvaise pensée (Ephésiens 4.31 ; 1 Pierre 2.1).

3. *Y-a-t-il des cas où nous avons le droit de mentir ?*

Nous ne devons pas mentir. Nous devons toujours être animés du désir d'obéir à Dieu. Le mensonge appartient au diable. Les menteurs subiront aussi le jugement de Dieu (Proverbes 12.17-22 ; Jean 8.44 ; Apocalypse 21.8).

4. *Sommes-nous toujours obligés de dire tout ce que nous pensons ?*

Non, nous ne sommes pas obligés de dire tout ce que nous pensons. Mais, par contre, nous devons peser nos paroles et penser tout ce que nous disons (Colossiens 4.6).

5. *Pourquoi le devoir de dire la vérité est-il si important ?*

Parce que Jésus-Christ est la vérité. Rappelons-nous que la ceinture de vérité fait partie de l'armure du chrétien et nous permet de tenir ferme face aux ruses du diable (Jean 14.6 ; Éphésiens 6.14).

1. *Quel est le dixième commandement ?*

Exode 20.17 : « Tu ne convoiteras point la maison de ton prochain ; tu ne convoiteras point la femme de ton prochain, ni son serviteur, ni sa servante, ni son bœuf, ni son âne, ni aucune chose qui appartienne à ton prochain ».

2. *Pourquoi la convoitise est-elle coupable ?*

La convoitise est coupable parce qu'elle conduit au péché. Elle est liée à la tentation. Quand on convoite, on manque de charité et d'amour. Par amour, nous devons nous réjouir des avantages que d'autres peuvent posséder (Jacques 1.15).

3. *Est-il nécessaire que les biens de la terre soient également répartis entre tous ?*

Non. Nous devons aussi savoir nous contenter de ce que nous possédons. Le Seigneur nous a promis de ne jamais nous laisser dans le besoin (Exode 16.17-18 ; 2 Corinthiens

8.15).

La Parole nous met en garde contre l'amour de l'argent (1 Timothée 6.6-10).

L'égalité selon Dieu n'est pas l'uniformité.

4. *Quelle condition devons-nous remplir pour avoir ce qui est nécessaire ?*

Faire confiance au Seigneur. Ne pas chercher à amasser des trésors sur la terre, mais bien plutôt dans le ciel (Matthieu 6.19-33).

5. *Quel usage devons-nous faire de nos biens ?*

Il faut savoir les partager, en venant en aide à ceux qui sont dans le besoin (Matthieu 25.35-40).

CONCLUSION

Matthieu 5, 6 et 7 (les Béatitudes).

1. *Comment Jésus a-t-il résumé la loi ?*

Jésus résume la loi par l'amour. La première table nous incite à l'amour pour Dieu, la deuxième table à l'amour pour notre prochain (Matthieu 22.36-40).

2. *Pourquoi ces deux commandements résument-ils tous les autres ?*

Si nous aimons Dieu, nous observons tous les commandements de la première table, si nous aimons notre prochain, nous accomplissons tous les commandements de la seconde table.

3. *Pourquoi Dieu veut-il être aimé ?*

Dieu veut être aimé parce qu'il nous aime et attend notre amour en retour. Il est AMOUR (1 Jean 4.8) et il nous a aimés le premier.

4. *Aimons-nous Dieu naturellement ?*

Non, nous n'aimons pas Dieu naturellement, parce que le péché qui habite en nous depuis la chute d'Adam et Eve nous a séparés de Dieu, mais nous devrions le faire (Colossiens 1.21).

5. *Que faut-il faire pour que nous aimions Dieu ?*

Il faut croire et connaître la grandeur du pardon de Dieu à la croix et l'amour dont il nous a aimés en Jésus-Christ (Luc 7.40-47).

6. *Pourquoi l'amour pour Dieu et l'amour pour le prochain sont-ils si étroitement unis ?*

Parce que l'un ne va pas sans l'autre. Nous montrons notre amour pour Dieu en aimant notre prochain (1 Jean 4.20-21).

7. *Pouvons-nous vraiment aimer notre prochain sans aimer Dieu ?*

Non. Tant que notre cœur est mauvais, nous n'avons pas d'amour pour notre prochain. L'amour véritable pour notre prochain se manifeste véritablement avec la régénération de notre cœur, lors de notre nouvelle naissance, quand Jésus-Christ nous donne un cœur nouveau (1 Jean 5.2).

8. *Qui est le prochain que nous devons aimer ?*

Notre famille "de chair" (1 Timothée 5.8).

Notre famille spirituelle : les frères et sœurs en Jésus-Christ (Jean 13.34-35).

Tous ceux qui nous entourent (Luc 10.36-37).

Et même nos ennemis (Matthieu 5.44).

LE CREDO

Introduction au Credo

1. *Quel est le meilleur résumé de la foi chrétienne ?*

C'est le Symbole des apôtres.

2. *Pourquoi appelle-t-on ce résumé Symbole ?*

Le mot grec *symbole* peut signifier résumé, et on se sert de ce terme pour désigner un résumé de la foi d'une Eglise.

3. *Pourquoi l'appelle-t-on Symbole des apôtres ?*

Parce qu'on a cru que les apôtres l'avaient rédigé eux-mêmes.

4. *Est-ce que ce sont vraiment les apôtres qui l'ont rédigé ?*

Probablement pas, mais c'est un texte très

ancien, et il résume très bien l'enseignement du Nouveau Testament.

5. *Comment appelle-t-on encore le Symbole des apôtres ?*

On l'appelle le Credo.

6. *Que veut dire le mot Credo ?*

C'est "Je crois" en latin.

7. *Est-ce que le Symbole des apôtres est inspiré par Dieu ?*

Non, seule la Bible est inspirée par Dieu. C'est pourquoi à propos de chaque paragraphe, nous cherchons des textes de la Bible pour fonder notre foi.

Je crois en Dieu le Père tout-puissant, Créateur du ciel et de la terre.

1. *Pourquoi Dieu est-il appelé le Père ?*

Parce qu'il est le Père de Jésus, son Fils unique (Jean 3.16).

2. *De qui Dieu est-il encore le Père ?*

De tous ceux qui croient en Jésus (Jean 1.12-13).

3. *De qui ceux qui ne croient pas en Jésus sont-ils les enfants ?*

Ils sont les enfants du diable en ce sens qu'ils lui sont soumis et restent sous l'emprise du péché (Jean 8.41-44 ; Éphésiens 2.3 ; 1 Jean 3.8).

4. *Que veut dire le terme tout-puissant ?*

Cela veut dire que Dieu peut faire tout ce qu'il veut (Matthieu 19.26).

5. *Cela signifie-t-il que tout ce qui arrive soit la volonté de Dieu ?*

Non, Dieu ne veut jamais le péché (Jérémie 7.31).

6. *Comment se fait-il que le Dieu tout-puissant n'empêche pas ses créatures de pécher ?*

Parce qu'il veut leur laisser une certaine liberté (Deutéronome 32.5).

7. *Dieu laissera-t-il toujours au mal la possibilité de s'exercer ?*

Non, un jour il jugera les pécheurs et détruira le mal (Psaumes 46.9-11 ; 50.16-23).

8. *Que voulons-nous dire lorsque nous déclarons que Dieu est le Créateur ?*

Cela veut dire qu'il a fait tout ce qui existe (Genèse 1.1).

9. *Dieu lui même a-t-il eu un commencement ?*

Non, il est éternel, il a toujours existé (Psaumes 90.1-2).

10. *Après avoir créé le monde, Dieu continue-t-il à s'occuper de lui ?*

Oui, par son Esprit qui donne la vie (Ruth 1.6 ; Psaumes 104.28-30 ; Jean 5.17).

11. *Quelle attitude devons-nous avoir devant Dieu puisqu'il est le Créateur ?*

Nous devons reconnaître que nous dépendons de lui, nous devons l'honorer et lui être reconnaissants (Romains 1.20-22).

Je crois en Jésus-Christ, son Fils, notre Seigneur.

1. *Que signifie le nom de Jésus ?*

Sauveur (Matthieu 1.21).

2. *Que signifie le nom de Christ ?*

Oint, c'est-à-dire quelqu'un qui a reçu l'onction d'huile. En hébreu, cela se dit "Messie" (Jean 1.41).

3. *Pourquoi Jésus est-il appelé Oint ?*

Parce qu'il est le Roi, le Sacrificateur et le Prophète par excellence (Matthieu 21.10-11 ; Hébreux 7.26-27 ; Apocalypse 19.16).

4. *Par qui Jésus a-t-il été oint ?*

Pas par les hommes, mais par Dieu, qui a répandu sur lui le Saint-Eprit (Luc 4.18 ; Actes 10.38).

5. *Ce titre de Messie ou de Christ était-il surprenant pour les contemporains de Jésus ?*

Non, car déjà dans l'Ancien Testament la venue de l'Oint était annoncée, et les Juifs attendaient cette venue (Psaumes 2.2 ; Daniel 9.25-26 ; Jean 4.25).

6. *Pourquoi Jésus est-il le Fils unique ?*

Parce que seul il est parfaitement semblable à Dieu le Père (Jean 1.14-18 ; Colossiens 1.15-16).

7. *Le Fils a-t-il eu un commencement ?*

Non, avant sa naissance il était éternellement avec le Père (Jean 1.1-2 ; Hébreux 7.3).

8. *Que signifie le titre de Seigneur qui est donné à Jésus ?*

Il est le maître de tout, car seul avec le Père et avec le Saint-Esprit il est le Créateur de tout (Jean 1.3 ; 13.13 ; Colossiens 1.16).

9. *Pourquoi appelons-nous Jésus notre Seigneur ?*

Parce que nous reconnaissons que nous lui appartenons (1 Corinthiens 8.6).

Il a été conçu du Saint-Esprit, et il est né de la vierge Marie.

1. *Jésus est-il né comme les autres hommes ?*

Non, il n'a pas eu de père humain, mais sa mère, Marie, était vierge (Luc 1.26-27).

2. *Qui était Joseph ?*

Il était le père adoptif de Jésus et le mari de Marie après la naissance de Jésus.

3. *Comment la naissance de Jésus s'est-elle produite ?*

Par le Saint-Esprit (Luc 1.35).

4. *Quelle sont les deux natures de Jésus en vertu de sa naissance ?*

La nature divine parce que son Père était Dieu, et la nature humaine puisqu'il a eu une mère humaine (Ésaïe 7.14 ; Matthieu 1.18-21).

5. *Quelle importance y avait-il à ce que Jésus soit en même temps Dieu et homme ?*

Pour être Dieu avec nous (Emmanuel) et pour nous montrer la nature de Dieu (Jean 1.14-18).

Comme nous étions pécheurs, nous avions besoin d'un intermédiaire, d'un médiateur entre Dieu et nous, et Jésus, Dieu et homme à la fois, est le médiateur parfait (1 Timothée 2.5-6).

6. *Comment les Évangiles nous montrent-ils l'humanité de Jésus ?*

Il a été enfant (Luc 2.22), il a grandi, il a ressenti la fatigue, il a eu faim et soif (Matthieu 4.2 ; Jean 4.6 ; 19.28).

Il a souffert sous Ponce-Pilate. Il a été crucifié. Il est mort. Il a été enseveli. Il est descendu aux enfers.

1. *Quel est le but de la venue de Jésus sur terre ?*

De mourir à notre place (Jean 12.27).

2. *Qui est responsable de la crucifixion de Jésus ?*

Judas qui l'a trahi, les prêtres qui l'ont accusé, Pilate qui l'a livré, la foule qui n'a pas voulu de lui, les soldats qui l'ont exécuté.

3. *Sommes-nous innocents de cette crucifixion ?*

Non, car chaque fois que nous avons péché, nous avons eu l'attitude des ennemis de Jésus (Romains 4.23-25).

4. *Comment Jésus a-t-il accepté ce supplice ?*

Volontairement (Luc 22.39-42 ; Jean 10.17-18).

5. *Dieu le Père a-t-il livré Jésus à la croix ?*

Oui (Romains 8.32).

6. *Pourquoi Dieu le Père l'a-t-il livré à la mort ?*

Parce qu'il a fait retomber sur lui nos péchés (Ésaïe 53.5-6 ; Romains 3.25-26).

7. *Quelle relation y-a-t-il entre nos péchés et la mort du Christ ?*

Nos péchés ne pouvaient être effacés que par le sang de Jésus (Hébreux 9.22).

8. *Le sacrifice d'un homme ordinaire ou d'un ange aurait-il été suffisant ?*

Non, car les hommes sont tous pécheurs, et de toute façon, il fallait un sacrifice d'une valeur infinie pour expier les péchés de toute l'humanité (Hébreux 9.14 ; 1 Pierre 1.18-19).

9. *Que nous montre l'ensevelissement de Jésus ?*

Qu'il est vraiment mort (1 Corinthiens 15.1-4).

10. *Dans quel sens pouvons-nous dire que Jésus est descendu aux enfers ?*

Il a connu l'angoisse de ceux qui subissent la malédiction, il a été abandonné de Dieu (Matthieu 27.46 ; Galates 3.13).

11. *Quelle attitude devons-nous avoir envers Jésus puisqu'il a souffert pour nous ?*

Nous devons croire en lui (Jean 3.16).

Le troisième jour il est ressuscité des morts.

1. *Quelle place la résurrection de Jésus occupe-t-elle dans l'Évangile ?*

Une place de première importance (Luc 24.45-47 ; Actes 4.33 ; 1 Corinthiens 15.3-4).

2. *Pourquoi la résurrection de Jésus est-elle si importante ?*

Parce qu'elle montre que son sacrifice était suffisant (Actes 13.36-39 ; Romains 4.25).

3. *Comment pouvons-nous être sûrs de la résurrection de Jésus ?*

Parce que la tombe est restée vide (Jean 20.3-8).

Parce que les disciples l'ont vu (1 Corinthiens 15.5-8).

Parce que le jour de la résurrection est devenu pour les chrétiens le jour du Seigneur, le dimanche (Actes 20.7).

Parce que Jésus continue à agir dans le cœur de ceux qui croient (Galates 2.20).

4. *Quelle différence y-a-t-il entre la résurrection de Jésus et les autres résurrections rapportées dans la Bible (celle de Lazare par exemple) ?*

Jésus est ressuscité par lui-même, sans l'intervention de quelqu'un du dehors. Jésus est ressuscité pour ne plus jamais mourir (Romains 6.9).

5. *Est-il essentiel de croire à la résurrection pour être sauvé ?*

Oui, parce que la résurrection nous assure de notre salut (1 Corinthiens 15.17).

6. *Quelle conséquence la résurrection de Jésus a-t-elle pour notre vie ?*

Nous pouvons renoncer à notre vie ancienne, et lui peut vivre en nous par son Esprit (Galates 2.20).

Il est monté au ciel. Il est assis à la droite de Dieu, le Père tout-puissant. De là il viendra juger les vivants et les morts.

1. *Quand Jésus est-il monté au ciel ?*

Le jour de l'ascension, 40 jours après Pâques (Marc 16.19 ; Actes 1.1-11).

2. *Jésus est-il maintenant absent de la terre ?*

Son corps est absent, mais son Esprit est avec nous (Matthieu 28.20).

3. *Quelle est l'occupation de Jésus dans le ciel ?*

Il intercède pour nous (Romains 8.34 ; Hébreux 7.25).

4. *Qu'est-ce que cela veut dire que Jésus est à la droite de Dieu ?*

Cela veut dire que Jésus a toute autorité dans le monde entier (Éphésiens 1.20-21).

5. *Le règne de Jésus est-il déjà visible ?*

Non, sauf dans le cœur des croyants qui sont soumis à sa volonté (Hébreux 2.8).

6. *Quand le règne de Jésus sera-t-il visible ?*

Quand Jésus reviendra (2 Thessaloniciens 1.7-10). Il mettra le diable dans l'impossibilité totale de nuire.

7. *Comment est-ce que Jésus reviendra ?*

De la même façon qu'il est monté au ciel (Actes 1.11).

8. *Quand est-ce que Jésus reviendra ?*

Nous ne le savons pas, mais en voyant ce qui se passe autour de nous, nous pouvons nous rendre compte que ce retour est proche (Matthieu 24.33-36).

9. *Que fera Jésus à son retour ?*

Il séparera les justes et les pécheurs, pour délivrer les uns et punir les autres (Matthieu 25.31-46 ; 2 Thessaloniciens 1.7-10).

10. *Devons-nous craindre le retour de Jésus ?*

Ceux qui n'ont pas reçu le pardon doivent craindre ce retour. Mais ceux qui ont été pardonnés n'ont rien à craindre (Jean 5.22 - 24).

Ceux qui ont reçu le pardon peuvent dire : « Viens, Seigneur Jésus ! » (Apocalypse 22.20).

Je crois en l'Esprit Saint.

1. *Qui est le Saint-Esprit ?*

Il est la troisième personne de la Trinité, Dieu lui-même venant en nous.

Mentir au Saint-Esprit, c'est mentir à Dieu, ce qui démontre que le Saint-Esprit est Dieu (Actes 5.3-4).

2. *Le Saint-Esprit est-il une personne ou une influence ?*

Il est une personne.

3. *Comment savons-nous que le Saint-Esprit est une personne ?*

Parce qu'il a les capacités d'une personne.

Il connaît (1 Corinthiens 2.10-11).

Il veut (1 Corinthiens 12.11).

On peut l'attrister (Éphésiens 4.30).

4. *Quand le Saint-Esprit est-il venu sur la terre ?*

A la Pentecôte, 50 jours après Pâques, 10 jours après l'ascension (Jean 16.7 ; Actes 1.5).

5. *Le Saint-Esprit n'était-il pas à l'œuvre auparavant ?*

Oui, il agissait sur le cœur des hommes de l'ancienne alliance (Nombres 11.25 ; 2 Samuel 23.2).

6. *Quelle différence y-a-t-il entre l'action du Saint-Esprit lors de l'ancienne alliance et son action présente ?*

Sous l'ancienne alliance, le Saint-Esprit agissait sur les croyants, mais il n'habitait pas pas en eux d'une manière constante comme dans le cœur des croyants d'aujourd'hui (1 Corinthiens 3.16 ; 6.19).

7. *Le Saint-Esprit agit-il sur le cœur de ceux qui ne croient pas ?*

Tant que les hommes ne croient pas, ils ne peuvent recevoir le Saint-Esprit (Jean 14.15-18).

Mais c'est le Saint-Esprit qui les convainc de péché, de justice, de jugement (Jean 16.7-11).

8. *Comment le Saint-Esprit est-il donné ?*

Quand quelqu'un croit en Jésus, le Saint-Esprit

vient en lui et le régénère (Jean 3.5-8 ; 7.38-39).

9. *Qu'est-ce que la régénération ?*

La transformation de notre personne, par laquelle le Saint-Esprit met en nous une vie nouvelle, ce qui nous permet d'aller plus tard au ciel (2 Corinthiens 3.18).

10. *Comment être sûr d'avoir reçu le Saint-Esprit ?*

Quand on reconnaît Jésus pour son Seigneur (1 Corinthiens 12.3).

11. *Quelle certitude le Saint-Esprit met-il dans notre cœur ?*

Que nous sommes enfants de Dieu (Romains 8.16).

12. *Pourquoi avons-nous besoin du Saint-Esprit dans notre vie chrétienne ?*

Pour comprendre l'Écriture, pour être transformés à l'image de Jésus-Christ, pour rendre témoignage (Actes 2.18 ; 1 Corinthiens 2.9-14 ; 2 Corinthiens 3.18).

13. *Qu'est-ce qui est nécessaire pour que le Saint-Esprit accomplisse son œuvre en nous ?*

Que nous soyons remplis du Saint-Esprit (Éphésiens 5.18).

14. *Que faut-il que nous fassions pour que le Saint-Esprit nous remplisse ?*

Renoncer à notre propre volonté et laisser toute la place dans notre vie au Saint-Esprit (Galates 5.16-17).

Je crois la sainte Église universelle.

1. *Pourquoi ne disons-nous pas : je crois en la sainte Église universelle ?*

Parce que c'est en Dieu, en Jésus-Christ, en l'Esprit que nous devons avoir confiance pour être sauvés, et non dans une Église.

2. *Que veut dire l'expression : je crois la sainte Église universelle ?*

Cela veut dire : je crois que la sainte Église universelle existe.

3. *Qu'est-ce que l'Église universelle ?*

C'est l'ensemble des croyants véritables, nés de nouveau, de tous les temps et de tous les pays (1 Corinthiens 12.12-13 ; Apocalypse 5.9-10).

4. *Quand l'Église universelle sera-t-elle complète ?*

A la venue de Jésus (Apocalypse 22.17).

5. *A quoi l'Église universelle est-elle comparée dans la Bible ?*

A un édifice dont Jésus est la pierre angulaire (Éphésiens 2.19-20).

A un corps dont Jésus est la tête (1 Corinthiens 12.12-13 ; Éphésiens 4.15-16 ; Colossiens 1.18).

A une femme dont Jésus est l'Époux (Apocalypse 19.7-8).

6. *Comment peut-on dire que l'Église universelle est sainte ?*

Tous ses membres, étant nés de nouveau, sont saints, c'est-à-dire mis à part pour Dieu (1 Pierre 2.9-10).

Quand Jésus reviendra, l'Église universelle sera parfaite (Éphésiens 5.25-27).

7. *Que sont les Églises locales ?*

C'est un ensemble de personnes qui déclarent croire en Jésus et qui se réunissent pour l'adorer (1 Corinthiens 1.1-2).

8. *La multiplicité des Églises est-elle un obstacle à l'unité de l'Église universelle ?*

Non, car malgré la diversité d'opinion sur les questions de détail, les croyants sont un en Jésus (Philippiens 3.15-16).

9. *Pouvons-nous être unis à tous ceux qui portent l'étiquette de Jésus ?*

Non, car Jésus a prié pour l'unité de ceux qui croient par la Bible (Jean 17.20).

10. *Quelle est l'utilité de l'Église locale ?*

C'est une institution voulue par Jésus-Christ pour proclamer l'Évangile et pour affermir les croyants (Matthieu 18.17 ; Colossiens 3.16-17).

La communion des saints.

1. *Qui sont les saints ?*

Les véritables croyants mis à part pour Dieu (1 Corinthiens 1.2).

2. *Quelle est l'obligation des saints ?*

Devenir saints dans leur conduite (1 Pierre 1.15-16).

3. *Quand les croyants seront-ils parfaitement saints ?*

Quand Jésus reviendra (1 Jean 3.2 ; Philippiens 3.12-14).

4. *Que veut dire le mot communion ?*

C'est l'état de ceux qui ont en commun une même pensée, une même volonté et un même amour (Actes 2.42-47 ; 4.32-35 ; Jean 13.34-35 ; Colossiens 3.12-13 ; 1 Jean 1.3-4)

La rémission des péchés.

1. *Que veut dire le mot rémission ?*

Pardon (Éphésiens 1.7).

2. *Tous les hommes ont-ils besoin de pardon ?*

Oui, car tous ont péché (Romains 3.10-12).

3. *Pouvons-nous mériter le pardon ?*

Non (Romains 3.23).

4. *Comment Dieu nous accorde-t-il le pardon ?*

Gratuitement (Romains 3.23-24 ; 6.23).

5. *Quelle condition Dieu a-t-il dû remplir pour nous donner le pardon ?*

Il a fallu que son Fils porte nos péchés et subisse le châtiment que nous avions mérité (Ésaïe 53.5-6).

6. *Quelle condition devons-nous remplir pour avoir le pardon ?*

Nous repentir de nos péchés et croire que Jésus est mort pour nous (1 Jean 1.5-10).

7. *Pouvons-nous être sûrs d'être pardonnés ?*

Oui, à cause des déclarations de l'Écriture (Actes 10.43 ; 1 Jean 5.13).

8. *Est-ce que ce pardon gratuit doit être un encouragement à persévérer dans le mal ?*

Non, car le pardon est toujours accompagné de la nouvelle naissance qui nous amène à vaincre le mal (Galates 5.16-24 ; 1 Jean 2.3).

La résurrection de la chair et la vie éternelle.

1. *Quelle partie de notre personne est régénérée dès maintenant ?*

Notre cœur et notre esprit sont régénérés dès l'instant où nous acceptons Jésus-Christ comme notre Sauveur (Psaumes 51.12-13 ; Jérémie 31.31 ; Ézéchiel 11.19-20 ; 36.26-27).

2. *Quel est l'état actuel de notre corps ?*

Notre corps reste en l'état actuel. La transformation est partielle. Il reste enclin au péché (Romains 8.7 ; 1 Corinthiens 15.42-43).

3. *Quand notre corps aura-t-il part au salut ?*

Notre corps aura part au salut au retour de Jésus-Christ (Romains 8.23).

4. *Comment sera le corps ressuscité des croyants ?*

Le corps ressuscité des croyants sera incorruptible, glorieux, plein de force (1 Corinthiens 15.42-43 ; 15.51-54 ; Philippiens 3.20-21).

5. *Qu'en sera-t-il des croyants qui seront vivants au retour du Seigneur ?*

Les croyants vivants seront enlevés au retour du Seigneur (1 Thessaloniciens 4.17).

6. *Qu'en est-il des croyants entre leur décès et leur résurrection ?*

Entre leur décès et leur résurrection, les croyants vont auprès du Seigneur (Ecclésiaste 12.9 ; 1 Thessaloniciens 4.13-16 ; Apocalypse 14.13).

7. *Qu'est-ce que la vie éternelle ?*

La vie éternelle, c'est connaître Dieu en Jésus-Christ, vivre avec lui (Jean 17.3).

8. *Quand commence la vie éternelle ?*

Elle commence dès que le croyant accepte Jésus-Christ comme son Sauveur personnel pour s'épanouir pleinement quand Jésus-Christ reviendra (Jean 6.47-48 ; 1 Jean 3.2).

9. *Les perdus ressusciteront-ils aussi ?*

Oui, les perdus ressusciteront aussi pour le jugement et le châtiment éternel (Matthieu 25.46 ; Jean 5.28-29 ; Apocalypse 20.11-15).

10. *Où sont les perdus entre leur décès et la résurrection ?*

Entre leur décès et la résurrection, les perdus sont dans le séjour des morts (Luc 16.19-31).

La Trinité

1. *En qui croyons-nous d'après le Symbole des apôtres ?*

Nous croyons en Dieu le Père, en Jésus son Fils, et au Saint-Esprit.

2. *Que veut dire le mot Trinité ?*

Il veut dire qu'il y a un seul Dieu en trois Personnes.

3. *Pouvons-nous comprendre ce qu'est la Trinité ?*

Non, car Dieu nous dépasse de toute manière.

Mais nous pouvons croire ce que la Bible nous enseigne.

4. *Le mot Trinité se trouve-t-il dans la Bible ?*

Non, mais la doctrine de la Trinité y est clairement présentée.

5. *Comment la Bible nous révèle-t-elle la Trinité ?*

Elle déclare qu'il y a un seul Dieu (Jacques 2.19).

Elle mentionne côte à côte les trois Personnes divines, ce qui montre leur égalité (Matthieu 28.19 ; 2 Corinthiens 13.13 ; Apocalypse 7.10).

Elle appelle chacune des trois Personnes Dieu :

- le Père (Jean 20.17 ; Éphésiens 1.3) ;

- le Fils (Esaïe 9.5 ; 40.3 ; Marc 1.1-2 ; Jean 1.1 ; 20.28 ; Romains 9.5) ;

- le Saint-Esprit (Actes 5.3-4).

Elle nous montre la distinction qu'il y a entre les Personnes divines (Matthieu 3.16-17).

Elle nous montre l'unité qui existe entre les Personnes divines (Jean 10.30 ; 1 Jean 3.24).

LA PRIÈRE

LA PRIÈRE

1. *Pourquoi devons-nous prier ?*

La prière est le moyen choisi par Dieu pour communiquer avec lui.

Nous devons prier parce que nous reconnaissons notre faiblesse et notre besoin de Dieu.

Par la prière, j'accepte que Dieu me vienne en aide, parce que sans lui je ne peux rien faire.

2. *A qui adressons-nous nos prières ?*

A Dieu le Père, au nom de Jésus-Christ, inspirés par le Saint-Esprit (Matthieu 6.9 ; Jean 14.13-14 ; Éphésiens 6.18).

3. *Pourquoi ne devons-nous pas invoquer les anges ?*

Parce que c'est Dieu qui donne les ordres à notre sujet et que nous devons exprimer nos désirs à Dieu (Psaumes 91.11 ; Matthieu 4.11 ; Apocalypse 19.9-10).

4. *Pourquoi ne devons-nous pas invoquer les croyants déjà morts ?*

Parce que Dieu nous l'interdit. Dieu est le Dieu des vivants (Deutéronome 18.10 ; Ecclésiaste 9.5 ; 1 Timothée 2.5).

5. *Quelles sont les diverses formes de prière ?*

Repentance, humiliation devant Dieu (Psaumes 32 ; 51).

Adoration, louange, actions de grâce (1 Thessaloniciens 5.17-18 ; Hébreux 13.15).

Intercession, requêtes (1 Timothée 2.1-2 ; Colossiens 4.12).

LE NOTRE PÈRE

1. *En quels termes Jésus nous a-t-il recommandé de prier ?*

Jésus nous a donné un modèle de prière dans le *Notre-Père (*Matthieu 6.9-13 ; Luc 11.1-4).

2. *Devons-nous toujours prier en ces termes ?*

Non. Les apôtres ont souvent prié différemment. En comparant Matthieu et Luc, nous voyons que ce sont des exemples. Les éléments sont les mêmes. La prière n'est pas du mot à mot.

3. *Quel était le but de Jésus en nous enseignant le Notre Père ?*

Jésus veut nous montrer comment nous adresser à Dieu. On ne s'adresse pas à Dieu de n'importe quelle manière. Jésus nous donne l'exemple de ce qu'il convient de demander à Dieu dans nos prières.

4. *Quels sont ceux qui peuvent dire à Dieu « Notre Père » ?*

Ce sont ceux qui sont unis à Jésus-Christ et sont donc nés de nouveau (Romains 8.14-17).

5. *Quelle prière doivent adresser à Dieu ceux qui n'ont pas encore reçu le salut en Jésus-Christ ?*

Ils doivent adresser la prière du publicain pour qu'ils reconnaissent leur état de pécheur (Luc 18.13).

6. *Quel sentiment devons-nous avoir envers Dieu puisque nous l'appelons Père ?*

Un sentiment de respect et d'amour (Matthieu 7.11).

7. *Pourquoi Jésus nous invite-t-il à dire « Notre Père » ?*

Il y a un lien avec nos frères et sœurs en Jésus-Christ.

8. *Que devons-nous conclure de ce que Dieu est notre Père qui est aux cieux ?*

Dieu est aux cieux, Dieu est au-dessus de toute chose. Il voit tout, il peut tout et c'est pour cela qu'il peut répondre à toutes nos prières, parce qu'il est partout où nous nous trouvons, et Jésus est aussi partout où nous sommes (Matthieu 18.19-20 ; Jean 4.19-24).

LE NOTRE PÈRE : LES TROIS PREMIÈRES REQUÊTES

1. *Quelles sont les trois premières requêtes ?*

« Que ton nom soit sanctifié ; que ton règne vienne ; que ta volonté soit faite sur la terre comme au ciel » (Matthieu 6.9-10).

2. *Pourquoi ces requêtes doivent-elles être présentées en premier lieu ?*

Avant de présenter nos besoins personnels, nous devons penser aux intérêts de Dieu (Exode 20.1-7 ; Deutéronome 6.1-6).

3. *Que veut dire le mot sanctifier ?*

Sanctifier signifie rendre saint.

4. *Comment pouvons-nous demander que le nom de Dieu soit sanctifié ?*

Par notre prière, nous pouvons demander que les hommes reconnaissent la sainteté de Dieu pour pouvoir l'honorer (1 Timothée 2.8).

5. *Quelle doit-être l'attitude des chrétiens pour que les hommes reconnaissent que le nom de Dieu est saint ?*

Que les chrétiens pratiquent le bien et que leur attitude témoigne de la présence de Christ en eux (Matthieu 5.16).

6. *Quand est-ce que le règne de Dieu viendra ?*

Quand le Seigneur Jésus-Christ reviendra (2 Thessaloniciens 1.10 ; Apocalypse 22.20).

7. *Y-a-t-il un endroit où le règne de Dieu existe déjà ?*

Oui, dans le cœur des croyants, parce que nous sommes les ambassadeurs de Jésus-Christ (Luc 17.20).

8. *Dans quel sentiment devons-nous dire : « ton règne vienne » ?*

Dans un sentiment de soumission au Seigneur.

En acceptant que Dieu règne dans nos cœurs (Psaumes 119.47 ; Hébreux 12.9 ; Jacques 4.7).

9. *Que faut-il pour que Dieu règne dans notre cœur ?*

Etre né de nouveau et croire en ayant accepté Jésus-Christ (Jean 3.5).

Compter sur l'aide de Jésus-Christ et du Saint-Esprit pour faire la volonté de Dieu (Jean 4.34 ; Galates 5.24).

10. *Quelle utilité y-a-t-il à demander que la volonté de Dieu soit faite ?*

Dieu pourrait exécuter sa volonté sans nous, mais Dieu désire œuvrer avec nous parce que Dieu nous aime (Éphésiens 2.10 ; Colossiens 1.9-11 ; Jacques 1.25).

11. *Nous est-il toujours facile d'accepter la volonté de Dieu ?*

Non, ce n'est pas toujours facile, mais nous pouvons compter sur le Seigneur Jésus-Christ, qui nous aide par le Saint-Esprit qui habite et agit en nous. Tout ce que nous faisons, c'est grâce au Seigneur qui agit en nous (Psaumes 119.33-40 ; Philippiens 4.13 ; Colossiens 4.12).

LE NOTRE PÈRE : LES QUATRE DERNIÈRES REQUÊTES

1. *Quelles sont les quatre dernières requêtes ?*

« Donne-nous aujourd'hui notre pain quotidien ; pardonne-nous nos offenses, comme nous aussi nous pardonnons à ceux qui nous ont offensés ; ne nous induis pas en tentation[1], mais délivre-nous du malin » (Matthieu 6.11-13).

2. *Qu'est-ce que notre pain quotidien ?*

Notre pain quotidien représente tout ce qui est nécessaire pour notre vie sur terre : nourriture, vêtement, logement, santé et paix.

[1] Une traduction récente traduit par : « Ne nous laisse pas entrer en tentation ».

3. *Pourquoi devons-nous demander à Dieu notre pain quotidien ?*

Nous devons apprendre à dépendre de Dieu (Psaumes 104.27-30 ; Matthieu 6.25-34).

4. *Cela signifie-t-il que nous ne devons pas travailler pour gagner notre pain quotidien ?*

Non. Nous devons travailler et, dans notre travail, nous devons réaliser que nous avons besoin de Dieu pour avoir les forces nécessaires pour l'accomplir (Philippiens 4.13 ; 1 Thessaloniciens 4.11-12).

5. *Pourquoi le chrétien doit-il encore demander pardon pour ses offenses ?*

Nous ne sommes pas parfaits. Le chrétien doit demander pardon pour les fautes qu'il commet, que ce soit consciemment ou inconsciemment (1 Jean 1.8-10).

6. *Devons-nous être négligents en pensant que Dieu nous pardonnera quand même ?*

Non, nous devons avoir horreur du péché (Romains 6.1-4 ; Hébreux 13.18).

7. *Est-ce qu'en pardonnant à ceux qui nous ont offensés nous méritons le pardon de Dieu ?*

Non. Le pardon de Dieu ne se mérite pas (Romains 3.25), Dieu nous pardonne par grâce et par amour (Éphésiens 2.4-8).

Mais nous ne pouvons pas demander pardon à Dieu si nous ne pardonnons pas à notre prochain (Matthieu 18.21-35 ; Marc 11.25).

8. *Comment aurons-nous la force de pardonner à ceux qui nous ont offensés ?*

En demandant au Seigneur de nous aider à le faire (Jean 14.14 ; Philippiens 4.13 ; 1 Jean 5.14-15).

9. *Pourquoi devons-nous demander à Dieu de ne pas nous laisser entrer en tentation ?*

Nous demandons qu'il nous épargne le plus possible de la tentation, et qu'il nous empêche d'y succomber (1 Corinthiens 10.13).

10. *Quand serons-nous délivrés du malin ?*

Au retour de Jésus (Luc 21.27-28).

11. *Y-a-t-il une délivrance que nous puissions connaître dès maintenant ?*

Oui, le Seigneur peut, si nous le désirons, nous donner la victoire sur nos mauvaises habitudes et sur les tentations qui peuvent survenir (Romains 8.12-13).

12. *Dieu nous tente-t-il ?*

Non, mais il peut nous exposer à la tentation (Jacques 1.12-14).

13. *Par quelle formule aimons-nous à terminer le Notre Père ?*

« Car c'est à toi qu'appartiennent, dans tous les siècles, le règne, la puissance et la gloire. Amen ! » (Matthieu 6.13). Cette formule nous rappelle que Dieu est puissant et peut exaucer nos prières (1 Chroniques 29.11-13).

LE BAPTÊME

LE BAPTÊME

1. *Que veut dire le mot baptême ?*

Plonger entièrement dans l'eau, immerger.

2. *Quand, dans la Bible, est-il question pour la première fois de baptême ?*

Lors du ministère de Jean-Baptiste (Matthieu 3.1-6).

3. *Que signifiait le baptême de Jean-Baptiste ?*

Ceux qui se faisaient baptiser confessaient leurs péchés. Ils montraient leur désir d'être pardonnés et de commencer une nouvelle vie. C'était un baptême de repentance (Marc 1.4-5).

4. *Pourquoi Jésus s'est-il fait baptiser ?*

Car cela était juste, pour montrer que Jésus allait prendre la place des pécheurs (Matthieu 3.13-15 ; Jean 1.28-29).

5. *Pourquoi pratique-t-on le baptême aujourd'hui ?*

Parce que Jésus en a donné l'ordre à ses disciples (Matthieu 28.19).

Je me fais baptiser parce que je suis né de nouveau et je veux le faire connaître aux hommes.

6. *Pourquoi Jésus a-t-il commandé que le baptême soit fait au nom du Père, du Fils et du Saint-Esprit ?*

Parce que les trois Personnes de la Trinité sont actives pour notre salut (1 Pierre 1.1-2).

7. *Quelles dispositions doivent exister chez celui qui se fait baptiser ?*

Renoncer à sa vie de péché et au diable. Accepter une vie nouvelle par l'union avec Jésus-Christ crucifié et ressuscité (Romains 6.3-5).

8. *Le baptême est-il nécessaire au salut ?*

Non. Le baptême n'est pas la condition nécessaire au salut. Ce qui sauve, c'est la foi en la grâce de Dieu manifestée en Jésus-Christ (Marc 16.16 ; Luc 23.42-43).

9. *Tous ceux qui sont baptisés sont-il sauvés ?*

Non. Ne seront sauvés que ceux qui seront nés de nouveau par le Saint-Esprit (Jean 3.1-6).

10. *Quelle relation y-a-t-il entre le baptême et le salut ?*

Le baptême représente à la fois le pardon et la nouvelle naissance (Actes 2.38 ; 1 Pierre 3.21).

11. *Qui doit recevoir le baptême ?*

Ceux qui ont remis leur vie entre les mains de Jésus-Christ, en reconnaissant qu'ils sont pécheurs et que seul le sacrifice de Jésus-Christ à la croix pouvait les racheter (Marc 1.4 ; Romains 6.3-4).

12. *Les petits enfants qui meurent en bas âge sont-ils sauvés ?*

Le Seigneur Jésus ouvre une porte d'espérance, lorsqu'il déclare : « Laissez les petits enfants, et ne les empêchez pas de venir à moi ; car le royaume des cieux est pour ceux qui leur ressemblent » (Matthieu 19.14).

LA SAINTE-CÈNE

LA SAINTE-CÈNE

1. *Que veut dire le mot Cène ?*

Le mot *Cène* veut dire repas du soir (Matthieu 26.17 ; 26.20).

2. *Comment appelle-t-on encore la Cène ?*

Communion.

3. *Pourquoi l'appelle-t-on ainsi ?*

Parce qu'elle représente notre union avec Jésus-Christ et les uns avec les autres (1 Jean 1.7).

4. *Quand la Sainte-Cène a-t-elle été instituée ?*

Au cours de la dernière Pâque (Matthieu 26.17).

5. *Que rappelait le repas de la Pâque aux Israélites ?*

Il rappelait la première Pâque avant la sortie d'Égypte. Dieu avait épargné les premiers-nés des Israélites, après avoir frappé les premiers-nés des Égyptiens, puisque les Israélites avaient sacrifié un agneau par famille (Exode 12.1-28).

6. *Pourquoi Jésus a-t-il institué la Sainte-Cène au cours du repas de la Pâque ?*

La Sainte-Cène nous rappelle que Dieu nous épargne malgré nos péchés à cause de la mort de Jésus-Christ. Jésus-Christ est l'Agneau sacrifié et immolé pour nous racheter de nos péchés (Ésaïe 53.5 ; Matthieu 26.26-28 ; 1 Corinthiens 5.7).

7. *Jésus-Christ est-il matériellement présent dans le pain et dans le vin ?*

Non. Jésus est présent au milieu de nous par son Esprit et matériellement son corps est dans le ciel (Jean 6.62-63).

8. *La Sainte-Cène est-elle un sacrifice ?*

Non. Mais elle nous rappelle le sacrifice de Jésus-Christ à la croix, accompli une fois pour toutes et pleinement suffisant (Hébreux 9.25-26).

9. *Qu'est-ce que nous annonçons quand nous prenons la Sainte-Cène ?*

Nous annonçons la mort du Seigneur Jésus-Christ et nous déclarons que nous sommes sauvés par son sang versé pour nos péchés (1 Corinthiens 11.26).

10. *Quel avantage y-a-t-il à prendre la Sainte-Cène ?*

Cela nous rappelle que nous croyons que Jésus-Christ vient remplir notre cœur avec son Esprit si nous le recevons par la foi (Jean 14.15-18). Ce pain que nous prenons nourrit une partie de notre corps et nous unit avec les autres chrétiens (1 Corinthiens 10.16-17).

11. *Est-il nécessaire de communier pour avoir Jésus-Christ dans son cœur ?*

Non. Il suffit de croire en Jésus-Christ (Jean 1.12). Puisque Jésus-Christ a institué la Sainte-Cène, ceux qui l'ont reçu sont heureux de le montrer.

12. *La Sainte-Cène est-elle destinée à tout le monde ?*

Non. Il faut s'examiner avant d'y participer (1 Corinthiens 11.27-30).

13. *Faut-il être parfait pour participer à la Sainte-Cène ?*

Non. Mais il faut avoir ce désir de tendre vers la perfection, de marcher sur la voie de la sanctification (Hébreux 12.14).

14. *Puisque, en prenant la Sainte-Cène, nous annonçons la mort du Seigneur, quelle est la première condition que nous devons remplir pour y participer ?*

Croire que Jésus-Christ est mort à notre place, qu'il a pardonné nos péchés, et qu'il est ressuscité (Jean 3.16 ; Romains 6.23).

15. *Puisque, en prenant la Sainte-Cène, nous montrons que nous désirons que Jésus remplisse notre cœur, quelle est la seconde condition que nous devons remplir pour y participer ?*

Renoncer à notre propre volonté et accepter de suivre Jésus-Christ et de vivre de sa vie (Galates 5.16-17 ; 5.24-25).

16. *Puisque la Sainte-Cène est une communion avec Jésus-Christ, quelle est la troisième condition que nous devons remplir pour y participer ?*

Être en communion avec Jésus-Christ (1 Corinthiens 1.9).

17. *Que faut-il pour que nous soyons en communion avec Jésus ?*

Avoir reçu le pardon des fautes passées et être prêts à faire la volonté de Jésus-Christ dans l'avenir (1 Jean 1.6-9).

18. *Puisque la Sainte-Cène est une communion les uns avec les autres, quelle est la quatrième condition que nous devons remplir pour participer à la Sainte-Cène ?*

Ne pas garder de rancune envers un autre croyant et si l'on a fait du tort à quelqu'un, être prêt à s'en humilier (Matthieu 5.23-24 ; 1 Corinthiens 10.16-17).

19. *Est-il nécessaire d'être baptisé pour communier ?*

Non, mais dans la pratique la plus courante le baptême, qui symbolise l'entrée dans la vie chrétienne, précède logiquement la Sainte-Cène qui symbolise l'entretien de cette vie par une nourriture appropriée.

20. *Qui peut nous dire si nous sommes en état de communier ?*

Nous-mêmes. Nous devons nous examiner nous-mêmes, ne pas garder de rancune envers un autre croyant et si l'on a fait du tort à quelqu'un, être prêt à s'en humilier (1 Corinthiens 11.28).

21. *Que devons-nous faire si quelqu'un communie, et que nous ayons l'impression qu'il ne devrait pas le faire ?*

Il nous faut l'avertir fraternellement et ce n'est pas une raison pour ne pas communier (Matthieu 18.15).

Achevé d'imprimer sur les presses de
l'imprimerie Offset 5

N° d'impression : 2021030248